Karl-Wilhelm Bruno

Priester - Tierschützer - Vegetarier

Karl-Wilhelm Bruno

Priester - Tierschützer - Vegetarier

Waldthausen

Umschlag:
Ausschnitte aus einem großflächigen Ölgemälde in der Kirche Heilige Familie, Wiesbaden.
Kunstmaler Reinhard Daßler, Karlsruhe.
Es ist ein Teil eines Bilderzykluses über die entstehung, Gefärdung und Erlösung der Schöpfung. Auf der Vorder- und Rückseite des Buches Eva und Adam, symbolisch für die gesamte Menschheit. Eine intakte Natur wurde ihnen übergeben. Wie werden sie mit der Schöpfung umgehen?

1. Auflage 1991

Satz und Gestaltung: Agentur & Satz, 2863 Ritterhude
Druck: Buchdruckwerkstätten Hannover

ISBN 3-926453-63-x

Printed in Germany

Inhaltsverzeichnis

Ein regnerischer Wintertag

Samstag in Bad Kohlgrub im Werdenfelser Land. Ein regnerischer Wintertag in einem Winter, der kein Winter war. Fünf Orkane haben uns die ersten Wochen des Jahres 1990 beschert, mit vielen Schäden, besonders in den Wäldern. Schnee gab´s nur in hohen Lagen, und das ganz wenig.

Für mich bedeutet dieser Samstag das Ende einer Kur. Bad Kohlgrub ist ein schönes Moorbad. Mein Hausarzt, ein bekannter Wiesbadener Internist, hatte mir das Bad verordnet, in erster Linie wegen meiner Polyarthrose in Hüften, Knien und Füßen. Dazu Hals- und Lendenwirbelbeschwerden. Die schmerzhaften Behinderungen kamen langsam angekrochen, schon etwa vor 20 Jahren beginnend; jedes Jahr etwas schmerzhafter und mehr hindernd.

Jetzt bin ich 63. Nach einem arbeitsreichen und mich ausfüllenden Leben droht die Pensionierung, das berufliche Aus. Ich möchte gern weiterarbeiten. Die Situation der Gelenke, aber auch von Herz, Bronchien, Prostata, Lymphen und Blutdruck macht mir zu schaffen. Ich habe ein Leben lang bewußt eigentlich nie viel für meine Gesundheit getan. Ich hatte sie einfach und war überzeugt: so wird es immer bleiben. Aber dann kam es doch anders.

So fuhr ich nach Bad Kohlgrub. Zum erstenmal in meinem Leben eine Kur in einem Bad. Ich kann mir Schöneres vorstellen. Treue Besucher des Bades wurden für 20maligen, ja 25maligen Besuch an diesem Ort »ausgezeichnet«. Mein Gott, wie schrecklich! Ist das Kuren so ineffizient, daß man hier 20mal hinfährt, ohne daß es wirkt? Oder sind das Leute, für die eine Kur Inbegriff ihres Lebens ist? Für mich gewiß nicht.

Man hat mich hier gut und liebevoll behandelt, leider auch viel zu gut gefüttert trotz Schonkost, also halbe Ration. Aber die Schmerzen! Statt weniger zu werden, nahmen sie ständig zu. Ich konnte mich an keine Wanderungen beteiligen. Stattdessen machte ich nur kurze Wege innerhalb des Dorfes, und das schmerzte immer. Die Gelenke quälten mich auch nachts. Ärztin, Badefrau und Masseur vertrösteten mich: die Besserung tritt erst am Ende der Kur ein. Nun gut, als aber die vier Wochen vorbei waren, da waren die Schmerzen geblieben. Ich hatte den Eindruck, sie waren schlimmer als zuvor. Brummig und mißgelaunt setzte ich mich am 3. März in den »Pfaffenwinkel-Expreß« Richtung Norden, heim nach Wiesbaden.

Ich bin mein Leben lang gern mit der Eisenbahn gefahren, vor allem auf weiten Strecken. Dann nehme ich mir von der Lektüre mit, zu der ich sonst nicht komme. Und dann lese ich und lese. Diesmal war mir ein Mißgeschick passiert. Ich hatte meine Lektüre vergessen. Nur ein kleines Buch hatte ich bei mir, das liebe Freunde aus Frankfurt am Main – Ruth und Helmut Dornauf – mir nach Bad Kohlgrub geschickt hatten, um mir zu helfen. Ich nahm das Buch in die Hand: »Diamond, Fit für's Leben«, stand da drauf. Ein Paperback mit nettem Umschlag: Orangensaft, Erdbeeren, Ananas, Erbsen und Paprika.

Sollte ich das lesen? Es zog mich nicht viel. Doch ich hatte nichts anderes Lesenswertes bei mir. Und so begann ich und las und las und las.

Als ich in Wiesbaden angekommen war, hatte ich das Buch ausgelesen und war von dessen Inhalt überzeugt, war »bekehrt«. Das meiner Meinung nach negative Ergebnis langjähriger medikamentöser Behandlung, auch die ergebnislosen Moorbäder, Massagen, Lymphdrainagen und und und hatten zu dieser Sinneswende beigetragen. Entscheidend war aber: Mir schien die Empfehlung zur »SonnenKost« gemäß diesem Buch ganz einleuchtend. Sie kam einem inneren Werdegang, der sich seit langem gewissermaßen unter der Haut entwickelt hatte, entgegen. Das waren sozialethische und tierschützerische Gründe. Nun kamen als Nr. 3 auch noch gesundheitliche hinzu. Ich entschied mich gleich für die konsequenteste Form der SonnenKost: für den Vollvegetarismus und viel Rohkost. Hugh, ich habe gesprochen.

Freudig war die Begrüßung im Pfarrhaus in der Lessingstraße. Meine treue Haushälterin war froh, daß ich zurück war. Dackelhündin Sally rannte wie irr vor Glück den Flur auf und ab. Ich machte mit einem mir eigenen Statement gleich reinen Tisch: Ab heute bin ich Vegetarier. Kein Fleisch, keine Wurst und Schinken, keine Milch und Milchprodukte, kein Zucker und Salz, keine Eier, Kaffee und Tee. Stattdessen nur SonnenKost, das heißt Obst, Nüsse, Salate und Gemüse. Meine Haushälterin, zwar an schnelle Entscheidungen von mir gewohnt, hatte das offensichtlich aber nicht so ganz verstanden, sonst wäre ihr das Herz stehengeblieben.

Von diesem Tag an habe ich nach dieser Methode gelebt, mich strikt daran gehalten, kaum Ausnahmen zugelassen, und ich fühle mich seitdem pudelwohl. Wie wohl, das verrate ich erst später. Vorerst sollte es die Leser interessieren, wie man zu solchen Entscheidungen wie die des für mich ereignisreichen 3. März 1990 kommt. Für mich sind es Stränge, die da zusammen liefen: Als Christ ein Diener Gottes und der Schöpfung, als Priester ein Freund der Menschen, als Mensch ein Freund der Tiere und der eigenen Gesundheit.

Kirchenfenster: St. Franziskus predigt den Vögeln
(14. Jahrhundert)

Priester

Ich bin mit Leib und Seele katholischer Priester. Als Priester wird man nicht geboren, auch nicht erzogen, sondern von Gott berufen. Manchmal haben Eltern oder andere Erzieher auf die Berufsentscheidung Einfluß, gelegentlich auch das Vorbild eines priesterlichen Freundes. In der Regel ist das eine sehr persönliche Entscheidung eines jungen Mannes, die er als seine Antwort auf Gottes Ruf versteht. Dem voraus gehen keine spektakulären Visionen oder Auditionen, keine geheimnisvollen Botschaften oder Liebeserklärungen, sondern meist schwere innere Kämpfe und seelische Erfahrungen. So war es bei mir gewesen.

Ich entstamme einer Familie, die aus Überzeugung das seinerzeit herrschende NS-Regime ablehnte und dafür Nachteile und Gefahren in Kauf nahm. Seit 1938 – damals war ich 12 Jahre alt – nahm ich aktiv am Leben der katholischen Jugend in Wiesbaden, besonders der St.- Bonifatius-Gemeinde, teil. Ich hatte viele Berufsvorstellungen, unter denen aber zu keiner Zeit die eines Geistlichen war. Ich wollte heiraten. Ich wollte wie meine Eltern eine glückliche Ehe führen und viele Kinder haben.

Eine ernste Auseinandersetzung mit meinem zukünftigen Beruf begann nach meiner Dienstzeit als Luftwaffenhelfer und Reichsarbeitsdienstmann. Das war Ende 1943. Nach einer komplizierten Blinddarmoperation wurde ich bis Ende Juni 1944 vom

Militärdienst freigestellt. Ich nützte das vor mir liegende halbe Jahr zum Studieren der Medizin an der Universität Marburg a.d. Lahn. Damals war ich mit 17 Jahren der jüngste immatrikulierte Student an der Universität in Marburg. In dieser Zeit begann die erste wirkliche Auseinandersetzung mit meinem Berufsziel. Ich wollte damals Arzt werden. Doch der saloppe Ton meiner Professoren enttäuschte mich, den jungen Idealisten, sehr. Nach einigen Monaten Studium stand ein Negativentschluß fest: Mediziner, auf keinen Fall.

Am 1. Juli 1944 wurde ich als Reserveoffiziersanwärter zur Kriegsmarine, seemännische Laufbahn, einberufen. Für mich begannen damit entscheidende Monate meines Lebens. Nach meiner Grundausbildung auf dem Dänholm bei Stralsund trat ich meinen Dienst als Seekadett auf dem Zerstörer *»Erich Steinbrinck«* an. Ein heftiger innerer Kampf tobte in mir. Einerseits gefiel mir der Dienst zur See; ich fühlte auch als Deutscher. Andererseits haßte ich die Naziherrschaft aus tiefster Seele, erwartete den militärischen und damit auch politischen Zusammenbruch bereits seit Stalingrad und war tief bedrückt von dem moralischen Niedergang unseres Volkes. Ich machte mir viele Gedanken, was nach dem Kriegsende komme. Immer wieder kam die Frage aus meinem Innern hoch: vielleicht will Gott dann auch dich, aber nicht so irgendwie, sondern als Priester, der bei dem notwendigen religiösen und sittlichen Neuanfang mit anpackt. Doch diesen letzteren Gedanken unterdrükkte ich, so oft er kam. Je mehr ich ihn unterdrückte, umso häufiger und intensiver kam er wieder.

Aus dem viele Monate dauernden Kampf, der mich innerlich fast zerriß, ging Gott als Sieger und ich letztendlich als glücklich Besiegter hervor. Ich habe mich wahrlich nicht gedrängt, dann aber, als ich erkannte: Gott will es so, habe ich ihm mein Ja-Wort gegeben. Das war am Ostersonntag 1945 in der Herz-Jesu-Kirche von Bremerhaven-Lehe. Einen ganzen Tag lang hatte ich mich von Bord entfernt, ohne daß es jemand aufgefallen war. Einen ganzen Tag lang hatte ich in der dortigen Kirche mit Gott gesprochen und ihm versprochen: Ja, ich werde Priester, weil du es willst und ich darin die Aufgabe meines Lebens sehe. Ich werde dieser Berufung treu bleiben.

Die damalige Entscheidung habe ich nie bereut. Ich würde auch heute wieder dieselbe Entscheidung fällen. Nach einigen Monaten englischer Internierung kehrte ich im Herbst 1945 nach Hause zurück und begann im April 1946 zuerst das Studium der Philosophie, später der Theologie auf der Jesuitenhochschule St. Georgen in Frankfurt am Main. 1952 wurde ich zum Priester geweiht. Es versteht sich, daß in meinem Beruf, den ich seit 1952 ununterbrochen ausübe, Gott und Menschen im Mittelpunkt stehen, was durchaus kein Gegensatz, sondern eine Einheit ist. Ich kann ja nicht sagen, ich liebe Gott, kümmere mich aber nicht um meinen Nächsten. Andererseits kann ich keine Liebe zu den Menschen haben, was von mir Opfer fordert, wenn Gott mir nichts bedeutet. Jesus Christus nennt diese Einheit von Gottes- und Nächstenliebe das wichtigste Gebot: *»Du sollst den Herrn, deinen Gott, lieben mit ganzem Herzen,* *mit ganzer Seele und mit all' deinen Gedanken. Das ist das wichtigste und erste Gebot. Ebenso wichtig ist das zweite: Du sollst deinen Nächsten lieben wie dich selbst«* (Mt. 22.37–39). Mein Beruf hat mir zur Erfüllung dieses Gebotes viel Gelegenheit gegeben, tut es noch, wofür ich Gott sehr dankbar bin. Ich werde mich in diesem Zusammenhang im folgenden auf einiges wenige, wenn auch Sichtbares und Greifbares beschränken.

An meine beiden Kaplanstellen in Frankfurt am Main denke ich sehr gerne zurück. Sie waren meine einzigen; zuerst in Frankfurt-Schwanheim (St. Mauritius), danach in Frankfurt-Sachsenhausen (Deutschorden). Das war zwischen 1952 und 1955. Ein Kaplan hat das Glück, mit Verwaltung so viel wie nichts zu tun zu haben, dafür aber von früh bis spät mit den Menschen zusammen zu sein. Schwerpunkte meines Einsatzes waren neben den vielen Gottesdiensten und Spendungen der Sakramente Kinder- und Jugendarbeit, Erteilung von Religionsunterricht an den verschiedensten Schulsystemen (18 Stunden per Woche!), Betreuung der Kranken, Vereinsarbeit und ganz viel individuelle Seelsorge. Ich habe heute noch, nach 35 Jahren, freundschaftliche Kontakte mit früheren Jugendlichen aus Alt-Sachsenhausen.

Eine zusätzliche, ganz freiwillig übernommene Tätigkeit hat vermutlich meinen weiteren Berufsweg entscheidend beeinflußt. Gegenüber von Schwanheim, in Frankfurt-Griesheim, lag damals ein Flüchtlingslager, ständig mit Flüchtlingen aus der ehemaligen DDR voll belegt. Wann immer ich mich freimachen konnte, hielt ich mich dort auf, organisierte vielfache Formen von Hilfen, was meiner vorgesetzten Behörde in Limburg an der Lahn nicht unbekannt blieb. So lud mich unser damaliger Personalreferent Prälat *Karell* im Sommer 1955 nach Limburg ein und eröffnete mir, man plane, mich als Caritasdirektor nach Wiesbaden zu versetzen. Ich war tief geschockt. Erst 29 Jahre alt, hing ich sehr an meinem Kaplan-Dasein. Nun sollte ich in den riesigen Apparat kirchlicher Wohlfahrt eingespannt werden. Von der Caritasarbeit hatte ich durchaus eine Vorstellung, da ich öfters in den Ferien während meiner Studienzeit aus freien Stücken und ehrenamtlich bei den Caritasverbänden in Frankfurt und Wiesbaden mitgeholfen hatte. Ich bat *Karell*, wir nannten ihn mit Spitznamen den »Diözsesanpsychologen«, mich von dem neuen Job zu verschonen. Ich traute mir das gar nicht zu, sei doch erst 29 Jahre alt, hätte in Frankfurt mit der Gründung der CAJ (Christliche Arbeiterjugend) begonnen, die mein ganzes Engagement brauche, und so weiter und so fort. Was man alles für Ausreden findet, wenn man nicht mag, alle ein bißchen berechtigt, aber auch ein bißchen unberechtigt. Mein

Karl W. Bruno, Dekan Wiesbaden

schwergewichtiges Gegenüber lächelte fein und entließ mich mit der diplomatischen Floskel, man werde das überdenken.

Ich wähnte mich gerettet, da ich damals nichts mehr hörte. Doch das war weit gefehlt. Wenige Tage vor Weihnachten 1955 flatterte mir eine Ernennungsurkunde zu, aus der zu entnehmen war, daß ich am 1. Januar 1956 meine neue Stelle als Caritasdirektor für Wiesbaden und den Untertaunus-Kreis anzutreten hätte. Fünf Jahre und vier Monate stand ich dieser Aufgabe vor. Diese Jahre habe ich in bester Erinnerung behalten. Dazu haben die tüchtigen Mitarbeiter und Mitarbeiterinnen beigetragen, auch die vielfältige Palette von caritativen, sozialen, seelsorglichen, finanziellen und organisatorischen Aufgaben. Das alles lag mir.

So stürzte ich mich in die Arbeit bis zum »Geht-nicht-mehr«. In diesem Alter fehlt oft noch das rechte Maß. Ich beschäftigte mich viel mit den Amtsmündeln des Caritasverbandes (immerhin über 400 Kinder und Jugendliche), mit den Jugendlichen in unseren Heimen für berufstätige Mädchen (Maria-Goretti-Heim) und für junge Männer (Heimstatt Bischof Ferdinand), mit dem Bau und Ausbau von Kindertagesstätten und Altersheimen. Die Zeit des Schuttwegräumens war damals schon vorbei. Die Zeit des Wiederaufbaues war in vollem Gange. Für soziale Einrichtungen gab es zwar viele Pläne und noch größere Notwendigkeiten, aber kaum öffentliche Mittel zur Finanzierung. Als wir 1958 das Werthmann-Haus im Kohlheck, ein Alters- und Pflegeheim für 120 Personen bauten, da mußten 1,5 Millionen

DM aufgebracht werden, die meisten davon als Spenden. Das bedeutete: jeden Sonntag auf einer anderen Kanzel stehen, in vier bis fünf Predigten immer wieder bitten: gebt, bitte gebt, wir brauchen es! Und die Menschen gaben reichlich.

Eine Aufgabe, die mich damals besonders packte, war die Gefangenenseelsorge und die Strafentlassenenfürsorge. Im Gefängnis in der Albrechtstraße in Wiesbaden saßen erwachsene und jugendliche männliche Häftlinge und Untersuchungshäftlinge ein. An zwei Nachmittagen in der Woche besuchte ich die »Knastbrüder«. Ich tat es sehr gerne. Dazu kam sonntags der Gottesdienst.

Da ich bald heraus hatte, daß viele Strafentlassene schon bald wieder eingeliefert wurden, weil sie in einen Teufelskreis gerieten, dem nur schwer zu entrinnen war: Wer keine Wohnung hat, erhält auch keine Arbeit. Wer keine Arbeit hat, kann keine Wohnung bezahlen. So ersann ich damals ein Pilotprojekt für jugendliche (weit gefaßt, bis 25 Jahre und mehr) Strafentlassene.

In Wiesbaden-Erbenheim kaufte ich mitten im Dorf eine alte Hotraite, richtete sie mit wenigen Mitteln her und schuf so eine Wohnstätte für etwa 30 Strafentlassene. Wer dort wohnte, konnte sich polizeilich anmelden. Wer angemeldet war, konnte sich um eine Arbeitsstelle bewerben. Mit dem bald verdienten Geld konnte er sich in der Regel bald ein Zimmer mieten. So wurden jetzt nur noch wenige dieser jungen Männer straffällig. Auch die Jugendrichter waren über den Jugendhof begeistert. Er wurde durch eine Schweinemästerei finanziert. Essensreste aus den Caritaseinrichtungen, wie Krankenhäuser und Altersheime, dienten als kostenloses Mastfutter. Schwachpunkt dieser Einrichtung »Jugendhof Erbenheim«: ein Leiter mit hohem Idealismus und viel Einsatzfreudigkeit. Die sind selten.

Diese große Aufgabe bei der Caritas gab ich freiwillig auf. Es waren eine ganze Reihe von Gründen, die das für sich allein nicht bewirkt hätten. Da bestand die Absicht, mich zum Caritasdirektor für die Diözese zu befördern. Das bedeutete, ein Leben lang in der kirchlichen Verwaltung verwendet zu werden. Ich aber wollte wieder in die Gemeindeseelsorge zurück.

Es kamen Differenzen mit meinem Bischof *Wilhelm Kempf* hinzu. Ich wollte auch einen eigenen Haushalt haben. So wurde ich am 1. Mai 1961 Pfarrer der Pfarrei St. Martin in Eddersheim am Main.

Mein Gott, war Eddersheim eine schöne Pfarrei! Die Leute waren mir zugetan. Es gab eine Vielzahl pfarrlicher Aktivitäten, besonders seitens der Jugend. Gebaut und bestehende Gebäude repariert habe ich in den vier Jahren dort sehr viel. Für das Dekanat Hofheim am Taunus war ich auch noch Dekanatsjugendpfarrer für die Frauenjugend.

In diese Zeit fiel ein Ereignis, das für mein gesamtes weiteres Leben Bedeutung hatte. 1950 hatte ein Priester unseres Bistums im Auftrag von Bischof *Wilhelm Kempf* sich einer kleinen Schwesterngemeinschaft angenommen, von deren Förderung er sich viele Vorteile für die Diözese versprach. Dieser Priester hieß *Bernhard Bendel*, Pfarrer von Mammolshain, das heute zu Königstein im Taunus gehört.

Diese Gemeinschaft entwickelte sich gut, aber in eine ganz andere Richtung als der Bischof sich das vorgestellt hatte. Neben der Schwesterngemeinschaft bildeten sich noch weitere vier Gemeinschaften, die sich gemeinsam Opus Spiritus Sancti nannten, oft kurz Opus genannt. Die Einsätze der Schwestern geschahen mehr in anderen Erdteilen als im Bistum Limburg. Sie begannen mit den USA und Tanzania/Ostafrika. Bei seinem ersten Besuch nach Moshi in Tanzania bat mich mein Freund *Bendel*, ihn zu begleiten. Nichts tat ich lieber als das. Dem Generalvikar *Dr. Höhle* mußte ich vorher in die Hand versprechen, wieder zurückzukommen. Sein Kommentar: *»Ihnen traue ich alles zu«*. Die Reise fand im März/-April 1964 statt. Der Start für das Opus in Tanzania wurde zum Senkrechtstart. Ich habe gleich mein Herz in Afrika verloren, bis auf den heutigen Tag. Damals wäre ich am liebsten gleich dageblieben. Was aber noch schwerer wog, *Bernhard Bendel* bearbeitete mich in diesen Wochen so lange, bis ich ihm zusagte, ihm beim Aufbau des Opus Spiritus Sancti zu einem modernen Missionswerk von der Zentrale in Mammolshain aus zu helfen. Praktisch hieß das für mich: Abschiednehmen von dem geliebten Eddersheim.

Dieser Abschied fiel mir schwer. Gewissermaßen als Abschiedsgeschenk schrieb ich ein Buch *»Geschichte von Eddersheim«*, das in seiner Gesamtauflage von 1200 Exemplaren in vier Wochen verkauft war. Die neue Pfarrstelle St. Michael in Mammolshain im Taunus wurde im Mai 1965 angetreten. Mammolshain war eine kleine Gemeinde. Dadurch hatte ich viel Zeit, meinem Freund *Bendel* beim Aufbau des Missionswerkes zu helfen, aber auch als Dozent in Dogmatik, Geschichte, Kirchengeschichte und Caritaskunde am von ihm gegründeten und geleiteten Seminar für die Ausbildung von Seelsorgehelferinnen (Gemeindereferentinnen) in Mammolshain.

In diese neuen Aufgaben stieg ich voll ein. Am meisten begeisterten mich die vielfältigen Missionsaufgaben in Zentral- und Ostafrika und in Indien. Als Pfarrer ist man ja sehr ortsfest, ja ortsgebunden. Aber wenigstens meinen Urlaub benutzte ich alle Jahre für Reisen in die sich ständig ausweitenden Arbeitsgebiete in Tanzania, Kenya, Malawi und in verschiedenen Staaten Indiens. Ich stellte bald fest, daß neben starkem persönlichem Engagement durch Reisen und den Umgang mit vielen Menschen sehr verschiedener Mentalitäten auch bedeutende Geldsummen aufgebracht werden mußten. Also, wie gehabt. Für die neu entstehenden afrikanischen und indischen Gemeinschaften mußten Grundstücke erworben, Unterkünfte und Ausbildungsstätten gebaut werden und vieles andere mehr. Dafür hatten wir die Genugtuung, daß die Gemeinschaften des Opus Spiritus Sancti (inzwischen waren es fünf geworden) großen Zulauf hatten und nach einer entsprechenden Ausbildung des einzelnen für ihren pastoralen, pädagogischen oder sozialen Einsatz viel Segen unter ihren Landsleuten in Afrika und Indien spendeten. Ein Beispiel für Entwicklungshilfe von unten.

Ich denke gerne an diese fruchtbaren Jahre meines Lebens zwischen 1965 und 1979 zurück. Einerseits war ich eingebunden in das Schicksal der Kirche in Deutschland (in diesen Jahren einem Erdbeben gleichend) durch meine Pfarrei in Mammolshain. Hinzu kamen noch seit 1969 die Mitarbeit im Pfarrverband Kronberg und von 1969 bis 1979 meine Tätigkeit als Dekan des Dekanats Kronberg im Taunus.

Kirchlicherseits tat sich in diesem Zeitraum enorm viel, der Goldlack samt Staub ganzer Jahrhunderte wurde abgeschüttelt. Andererseits war ich aktiv am Aufblühen junger Kirchen und kirchlicher Gemeinschaften in einigen Ländern der Dritten Welt beteiligt. Ich nahm auch an ihren Nöten teil, die mir Pubertätserscheinungen ähnlich schienen, aber auch von ihrem robusten Vorwärtsdrängen, mehr der Art der 18jährigen ähnelnd.

Da ich 1974 auch zum internationalen Leiter unseres Säkularinstitutes für Weltpriester gewählt wurde, so galt mein besonderes Augenmerk seitdem dieser Gemeinschaft. Ich weiß nicht, woher das kommt. Aber ich habe mit Priestern aller Länder, Hautfarben und Alter immer besonders gerne zusammen gearbeitet. Mein Leben wurde von vielen tiefen Freundschaften geprägt, seit meiner Jugendzeit an. Freundschaften mit Männern und Frauen, in erster Linie mit Gleichaltrigen, aber auch mit Älteren und Jüngeren. Freundschaften, die einer großen geistigen Affinität entstammen, die aber auch den gesamten emotionalen Bereich umfassen. Viele dieser Freundschaften wurden mit Priestern geschlossen.

Über diese Freundschaften könnte ich allein ein ganzes Buch schreiben. Sie haben mein ganzes Leben enorm bereichert, geprägt, beglückt. Sie fielen mir aber nie in den Schoß, sondern mußten verdient werden. Daß ich unter Priestern so vieler Länder so gute Freunde fand, liegt wohl auch daran, daß wir dieselben Ideale und Ziele hatten und haben, also irgendwie seelisch gleich gepolt sind. Das erleichterte mir meine langjährige Tätigkeit als Leiter einer internationalen Priestergemeinschaft sehr.

Bernhard Bendel, der charismatische Gründer des Opus Spiritus Sancti, starb am 19. Januar 1980. Auf Vorschlag der Gemeinschaften im Opus wurde ich zunächst interimistisch, später durch Wahl sein Nachfolger als Rektor des Opus. Bischof *Wilhelm Kempf* stellte mich für diese Aufgabe fünf Jahre frei, also bis Ende 1984. Diese Jahre waren für mich die schwersten, aber auch die schönsten meines Lebens. Die neue Aufgabe war eine spirituelle und mehr noch eine organisatorische Herausforderung für mich. Erster Nachfolger eines Gründers zu sein, ist immer schwer. Am Gründer werden Maßstäbe angelegt, denen kein Nachfolger gerecht werden kann. Doch im Leben zählt nichts so sehr als der Erfolg. Ich war mir von vornherein bewußt, daß ich aufgrund meiner begrenzten Freistellung eine Interimslösung war, ich also vermutliche (weil sie später gewählt werden mußten) Nachfolger in meine beiden Spitzenpositionen (Rektor des Opus; Leiter der Priestergemeinschaft) ausspähen und mit ihrem zukünftigen Aufgabenbereich bekannt machen mußte. Das gelang mir mit zwei vortrefflichen US-amerikanischen Priestern, die später auch von den Wahlgremien gewählt wurden.

Das Leitmotiv des Opus ist dem 1. Korintherbrief des Apostels Paulus entnommen (15, 28) und heißt:

»Gott alles in allem!« Diese Losung hat für mein Leben eine große Bedeutung gehabt und hat sie noch immer. Christentum kann sich nicht nur mit dem innerkirchlichen Bereich zufriedengeben, obwohl nichts läuft, wenn es da nicht klappt. Der Geist Christi muß darüber hinaus alle Bereiche dieser Welt durchwirken, die des Menschen, der Tiere, der übrigen belebten und unbelebten Natur. Diese Erkenntnis durchdrang meine Erfahrung immer mehr. Vor lauter Sorge um die Menschen (denen mein ganzes Leben galt und gilt), um Entwicklung und Fortschritt müssen wir achtgeben, daß uns die übrige Schöpfung nicht zugrundegeht.

Mit diesen Gedanken wurde ich mehr als früher konfrontiert, als ich am 1. Januar 1985 noch einmal eine Pfarrei mit zwei selbständigen Gemeinden übertragen bekam: Hl. Familie und St. Michael, beide in Wiesbaden. Waren allein schon diese beiden Gemeinden – bald kam noch die Leitung des Dekanates Wiesbaden-Ost hinzu – ohne Hilfe eines Kaplans kein »Pappenstiel«, so war mir doch klar: Bei einer innerkirchlichen Nabelschau- und Kaffeekränzchen–Seelsorge darfst du nicht bleiben.

Die Probleme dieser Zeit, was man dann bald, seit Königstein und Basel, in dem Begriff »Konziliarer Prozeß für Gerechtigkeit, Frieden und Bewahrung der Schöpfung« zusammenfaßte, müssen in den Predigten immer wieder angesprochen werden, ob das allen behagt oder nicht. Zu welchen Konsequenzen bis ins ganz Persönliche diese Erkenntnisse dann bei mir führten, das werden Sie in den beiden folgenden Kapiteln lesen können.

Ich war also wieder in Wiesbaden und bin es noch immer. Die Eingewöhnung in einen zwar arbeitsintensiven, aber doch bedeutend engeren Aufgabenkreis als bisher ging nicht so ganz einfach. Anfangs kam ich mir manchmal vor wie ein Huhn in einer Legebatterie, eng eingepfercht. Gackern darf es bei Tag und Nacht. Es hört sowieso keiner darauf. Aber viele Eier legen, das ist die Hauptsache, am liebsten zwei Stück am Tag, an Sonn- und Feiertagen drei. Aber ich weiß, daß ich viele gute Menschen in meine Gemeinden habe, hilfsbereit und opferbereit, aufgeschlossen für viele Aufgaben, besonders der Caritas, Mission und Entwicklungshilfe. So will ich gerne hier bleiben, bei diesen Menschen und Mitchristen, solange ich gesundheitlich meine viele Arbeit erledigen kann.

Wenn ich an meine zwei ersten Pfarreien zurückdenke (Eddersheim und Mammolshain), dann fällt mir auf, wie enorm die Verwaltungsarbeit sich auch in den Pfarreien vermehrt hat. Das kommt bei der katholischen und evangelischen Kirche in Deutschland vor allem davon,weil sie Anstalten öffentlichen Rechts sind und mit der Kirchensteuer ein großes Maß sozial-caritativer Aufgaben übernommen haben. Man denke nur an die Vielzahl von Kindergärten und Kindertagesstätten und die damit verbundene Verwaltungsarbeit. Aber auch im kirchlichen Leben hat sich in den vergangenen 20, 30 Jahren sehr viel geändert. Dieser Prozeß ist noch nicht abgeschlossen. Ich bin froh, daß ich in meinem Alter, in dem alle meine Klassenkameraden schon seit Jahren pensioniert sind, noch in der Öffentlichkeit und in meinem Beruf an der Auffindung von Alternativen mitwirken kann, an den geistigen Auseinandersetzungen unserer Zeit, am »Konziliaren Prozeß«, an der Verkündigung Jesu Christi, damit *»Gott alles in allem«* sei.

Tierschützer

Kinder haben in der Regel viele Berufswünsche. Mein erster Berufswunsch, an den ich mich noch erinnern kann war der, einst Oberförster (heute nennt man sie Forstmeister) zu werden. Deshalb steckten mich meine Eltern auf das Staatliche Oberrealgymnasium am Gutenbergplatz in Wiesbaden. Diese Schulgattung sollte die besten Voraussetzungen für eine spätere Forstkarriere schaffen. Dieser kindliche Wunsch mußte schon bald mein Interesse an vielen anderen Berufen teilen. Diese waren: Diplom-Landwirt, Farmer in Südwestafrika, Schreiner, Germanist, Historiker, Diplom-Kaufmann, Diplom-Volkswirt, Kapitän zur See, Arzt. Die Palette der Interessen war also sehr bunt. Nach dem Schulabschluß kamen noch hinzu: Tierarzt, Journalist, Schriftsteller und Unternehmer.

Ich stamme aus einer natur- und tierliebenden Familie. Wir Kinder sind mit Tieren großgeworden, vor allem mit verschiedenen Hunden, mit Fischen, zeitweise auch Vögeln und zahmen Eichhörnchen, die frei herumliefen. Mir ganz persönlich wurde als Achtjährigem *Mira* anvertraut, ein Scotch Terrier, die damals große Mode waren. Meinen Hund führte ich mehrere Male am Tag aus, *»Gassi geh'n«* nennt man das in Wiesbaden. Eines Tages fragten mich zwei Arbeiter am Luisenplatz: *»Was issen des?«* Worauf ich stolz antwortete: *»Ein Scotch Terrier.«* Die beiden wollten mich aber ärgern und insistierten: *»Soll des* *en Hund sein?«* Ich erwiderte empört: *»Natürlich!«* Da meinte einer von den beiden: *»Des is kaan Hund, des is e Kanalberscht.«* Empört zog ich Knirps mit meiner *Mira* ab.

In den großen Sommerferien steckten meine Eltern mich verschiedene Male zur Familie *Reiter* in Niederseelbach im Hintertaunus, die ein kleines landwirtschaftliches Unternehmen besaßen. Eine größere Freude hätten sie mir gar nicht bereiten können. Wenn ich nicht auf dem Feld mithalf, dann hielt ich mich im Stall bei den Tieren auf.

Doch bald erwachte auch die Sammelleidenschaft des Knaben. Mit zehn, elf Jahren schleppte ich alles an Tieren nach Hause, was ich fangen konnte: Blindschleichen, Salamander, Eidechsen, Kröten und Frösche, Heimchen (Grillen) und sogar kleine Äskulapschlangen, die in der Schlangenbader Gegend (Rheingau) daheim sind. Heute betrachte ich das als verabscheuenswert. Nur ganz wenige Tiere, vor allem Hund und Katze, eignen sich für die Haustierhaltung. Auf jeden Fall setzt das voraus, daß die Besitzer ihre Tiere artgerecht halten (was viele nicht können) und ihretwegen zu Opfern bereit sind. Beispiel: Urlaub! Bei Fischen und Vögeln wird die artgerechte Haltung in der Familie schon zweifelhaft. Die Haltung von Hamstern, Mäusen, Kaninchen lehne ich ab.

Der Autor 1949 auf »Eicheneck«/ Rheingau

Als beginnender Teenager wußte ich das noch nicht. Ich bildete mir sogar ein, den gefangenen Tieren einen guten Dienst zu leisten, indem ich sie regelmäßig fütterte, Schnecken und Würmer für sie fing usw. Was ich in der Natur fing, das wurde in der Hosentasche nach Hause transportiert und wanderte in eines der Terrarien im Keller, die allerdings von meiner Mutter kontrolliert wurden, damit den Tieren »nichts widerfahre«. Wenn Schleichen, Echsen oder Kröten sich verfärbten (ich wußte damals noch nicht, daß dies aus Gründen der Anpassung geschah), dann wurde ich gleich angewiesen, sie wieder in der Natur auszusetzen. Heute rate ich den Kindern von dieser Form der »Tierhaltung« entschieden ab.

Ich liebte und liebe eigentlich alle Tiere, die großen und die kleinen, ob sie meine Sympathie erwidern oder nicht. Mit Kindern, die Tiere quälten, was viele in einem ganz bestimmten Alter tun, legte ich mich an, wobei entweder sie oder ich Hiebe bezogen, entsprechend dem Kräfteverhältnis. Ich erinnere mich noch sehr gut an einen Kampf mit Gleichaltrigen, etwa Zwölfjährigen, die an einem Froschteich allen Fröschen die Beine ausrissen und sich dann über die armen, gequälten Tiere amüsierten. Als Junge war ich

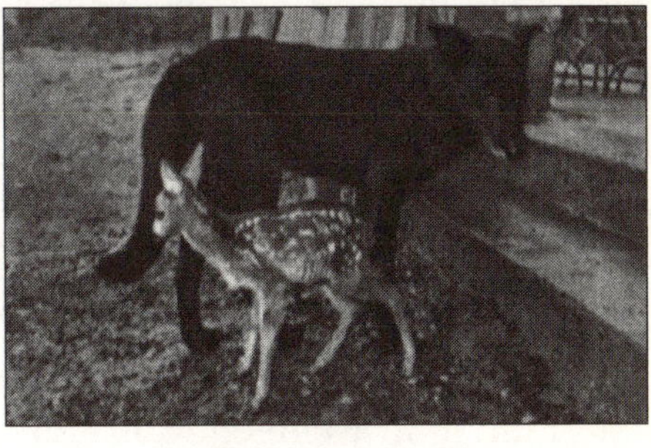

Idylle auf Eicheneck:
Tell und Bambi

sehr jähzornig. So warf ich mich damals auf die Schar der Übeltäter, um sie von weiteren Tierquälereien abzuhalten. Da diese eine Gruppe waren, habe ich tüchtige Prügel bezogen. Aber das Tierquälen hörte doch wenigstens auf.

Tierbücher habe ich damals verschlungen. Sie rangierten noch vor *Karl May*, und das wollte etwas heißen. Bewußt habe ich Tieren nie etwas angetan, nicht Fliegen, Bienen, Wespen, Mäusen. Nur eine Ausnahme: Stechmücken, wenn sie zum Stechen ansetzten. Ich kann mich auch nicht erinnern, daß ein Tier mir je etwas angetan hat, obwohl ich viel unter Tieren war, auch wilden und gefährlichen. Bei letzteren denke ich an wilde Elefangen am Hang des Kilimandscharo und an Schlangen in verschiedenen Gegenden Indiens.

Mit dem Einzug der Amerikaner in der Karwoche 1945 in Wiesbaden wurden ganze Straßenzüge für die Truppen requiriert. Die dort Wohnenden hatten auf der Stelle das Haus zu verlassen. Unsere Familie war davon auch betroffen, konnte sich aber zum Glück auf unser Wochenendhaus im vorderen Rheingau zurückziehen, das wir »Eicheneck« nannten, vor uns die Weinberge mit dem Blick auf den Rhein zwischen Mainz und Bingen, hinter uns die Eichen- und Edelkastanienwälder des Taunus. Die Jahre nach dem Krieg waren Hungerjahre. So hatten meine Eltern, obwohl Großstädter (wir stammen alle aus Wuppertal) und in landwirtschaftlicher Viehhaltung unerfahren, in wenigen Monaten aus dem »Eicheneck« einen kleinen Bauernhof gemacht. Als ich im Oktober 1945, aus englischer Internierung entlassen, im neuen Zuhause ankam, da fand ich fast so etwas wie eine Zoo vor: Hunde, Katzen, Tauben, Hühner, Erpel, Gänse, Ziegen. Später kamen noch Milchschafe hinzu, sowie Frischlinge und Ricken, die aufgrund von Wilderei von seiten der Besatzungstruppen ihre Mütter verloren hatten und uns zuliefen.

Auf »Eicheneck« fühlte ich mich in meinem Element. Als nach mehrtägigem Transport Milchschafe aus Ostfriesland ankamen und wegen ihrer prallen Euter vor Schmerzen brüllten, da hieß es unisono, die kann nur der *Karl-Wilhelm* melken. Geburtshilfe bei den Hündinnen, Schafen und Ziegen mußte immer ich leisten. Ich tat es gern. Nur das Schlachten verweigerte ich. Dafür mußte dann eigens ein Metzger kommen.

Als ich im April 1946 das Philosophiestudium bei den Jesuiten an der Hochschule St. Georgen in Frankfurt am Main aufnahm, war »Eicheneck« für mich nur noch eine Ferienidylle. Nach Auflösung des Elternhauses durch den Tod der Eltern, das war 1958, endete diese Periode in meinem Leben für immer. Mein Beruf hatte mich damals schon ganz gepackt. Als Kaplan in Frankfurt und Caritasdirektor in Wiesbaden lebte ich in fremden Haushalten. Da kann man keine Tiere halten.

Von meiner ersten Kaplanstelle in Frankfurt-Schwanheim fällt mir eine schöne Begebenheit ein. Das war so:

Als ich im November 1952 meine erste Stelle in Schwanheim antrat, es war an einem Freitag, da läutete ich an der Tür des Pfarrhauses. Von innen ertönte ein wildes Hundegebell. Ein älterer Herr, Geistlicher

Rat *Anton Lenferding*, der im KZ Dachau Schlimmes erlebt hatte, mein zukünftiger Chef, öffnete mir die Tür. Im selben Augenblick kam ein großer schwarzer Hund, Straßenmischung, die Treppen herunter auf mich zugestürzt. Unprogrammgemäß war er von oben durch einen Türspalt entwischt. Die Situation schien kritisch. Ich sprach den Hund an. Der setzte sein Bellen aus, er winselte vor Freude und ließ sich von mir streicheln. Der Pfarrer wechselte von großem Schrecken zur Freude und sagte etwa so: *»Das hat er bei Fremden noch nie getan. Er ist gefährlich, aber ich brauche ihn als Wachhund. Ich vermute doch recht, daß Sie der neue Herr Kaplan sind. Müssen Sie ein guter Mensch sein!«* Nun, ob letztere Feststellung daraus gezogen werden kann, mag man mit Flug und Recht bezweifeln. Ich tat nur etwas, was man mit allen Tieren immer tun sollte. Man muß mit ihnen reden. Aus dem Tonfall merken sie, ob man in guter oder böser Absicht kommt. Entsprechend verhalten sich die Tiere dann, gerade die wildfremden.

Vielleicht gehört noch mehr dazu als der Tonfall, eine Art Harmonie mit der Natur. Ich spürte das öfters, wenn ich in Afrika oder Indien war. Wenn es nachts unerträglich heiß war, dann mochte ich nicht in den engen niedrigen Hütten wohnen, sondern nahm mein Bett oder meine Matte, stellte sie ins Freie und schlief dort. Immer wieder wurde ich von meinen Freunden oder Gastgebern gewarnt: *»Father, tu das nicht. Die wilden Hunde, wilde Tiere werden dich überfallen. Räuber werden kommen.«* Ich kümmerte mich nicht darum. Es ist mir auch nie etwas passiert, zum großen Erstaunen meiner Schwestern und Brüder.

Mit Antritt meiner ersten Pfarrei 1961 in Eddersheim gründete ich zum erstenmal einen eigenen Haushalt. Damit kam auch wieder ein Hund ins Haus, die Rauhhaardackelhündin *Anja*. Bei dieser eigensinnigen Hunderasse bin ich bis heute geblieben, dank dem Verständnis meiner Haushälterin für diese

Auf Eicheneck: Hedwig Bruno bei der Fütterung von Susi, einem zugelaufenen Frischling

meine Schrulle. Viel Zeit zur Beschäftigung mit meinem vierbeinigen Freund hatte ich nicht. Dafür war die Freude dann umso größer, wenn ich mich sonntags nachmittags von Verpflichtungen freimachen und wir zu dritt im schönen waldreichen Taunus wandern konnten. *Anja, Silva* und *Sally* – so ist die Reihenfolge – haben sich dann gefreut, wie sich Kinder nur freuen können. Überhaupt besteht da eine

Verwandtschaft im Gefühlsleben, ich meine zwischen Kindern und Hunden. Kinder liebe ich übrigens über alles, und die lieben auch mich.

Ich gehöre zu den Menschen, die mit Interesse die tägliche Zeitung lesen und über alle möglichen Medien die vielfältigen Entwicklungen in der Welt verfolgen. Stierkämpfe, Vogelfängerei, das Aussetzen von Tieren (eine neue Unart in Deutschland), Robbentöten, Tierversuche, Käfighaltung von Hühnern und Vögeln, Pelztierfarmen und ähnliches waren mir schon immer ein Greuel. In diesem Bereich wurde ich in meinem Leben immer sensibler. Diese Sensibilität Tieren gegenüber wurde uns Kindern schon in unserem ersten Beichtspiegel, den wir als Neunjährige benutzten, beigebracht. Da stand im Zusammenhang mit dem fünften Gebot *»Du sollst nicht töten«* unumwunden die Frage: *»Habe ich Tiere gequält?«* Schon als Kind habe ich diese herausfordernde Frage sehr ernst genommen. So habe ich auch immer mehr festgestellt, daß Tierquälerei aus Gedankenlosigkeit, zum Schauspiel oder zum Geldverdienst sich ständig weiter verbreitet. Mir wurde immer mehr klar: allein ein Tierfreund zu sein ist zu wenig. Du mußt auch ein Tierschützer werden!

So nahm ich Kontakt mit der Vereinigung *»Tierversuchsgegner Hessen e.V.«* auf und wurde dort Mitglied. Durch diese Mitgliedschaft erhielt ich bald sehr viele Zuschriften von Leuten, die sich erfreut zeigten, daß auch ein Pfarrer auf ihrer Seite stünde: Andere luden mich zu ihren meist örtlichen Demonstrationen gegen Tierversuche, Käfighaltung von Hühnern, Pelzwarenhandel ein. Wieder andere schickten mir Manifeste zum Unterschreiben, Manifeste, die sie an Politiker schicken wollten. Nicht alles, was da ins Haus flatterte, war erleuchtet, aber alles war doch von einer tiefen Sorge um die leidende Kreatur erfüllt. Offensichtlich hatte man von Darmstadt aus, wo sich die Geschäftsstelle der Tierversuchsgegner befindet, meine Anschrift unter's Volk gebracht.

Soweit mir meine Zeit das erlaubte, beantwortete ich diese Schreiben. So kam ich auch mit dem Pfarrerehepaar *Christa* und *Michael Blanke* aus Glauberg in der Wetterau zunächst in brieflichen Kontakt, als diese das sogenannte *»Glauberger Schuldbekenntnis«* allen Geistlichen, gleich welcher Konfession, zuschickten mit der Bitte, dieses zu unterschreiben. Ich habe das gerne, weil aus Überzeugung, getan.

Hier ist es in vollem Wortlaut:

Glauberger Schuldbekenntnis

Wir bekennen vor Gott, dem Schöpfer der Tiere,
und vor unseren Mitmenschen:

Wir haben als C h r i s t e n versagt,
weil wir in unserem Glauben
die Tiere vergessen haben.

Wir waren als T h e o l o g e n nicht bereit,
lebensfeindlichen Tendenzen
in Naturwissenschaft und Philosophie
die Theologie der Schöpfung entgegenzuhalten.

Wir haben den d i a k o n i s c h e n A u f-
t r a g Jesu verraten
und unseren geringsten Brüdern, den Tieren,
nicht gedient.

Wir hatten als P f a r r e r Angst,
Tieren in unseren Kirchen und Gemeinden
Raum zu geben.

Wir waren als K i r c h e taub
für das Seufzen der mißhandelten und ausge-
beuteten Kreatur.

Glauberg, Frühjahr 1988

Wir begründen das Glauberger Schuldbekenntnis theologisch.

Wir lesen die Aussagen der Bibel zu Schöpfung und Mitgeschöpflichkeit mit neuen Augen und neuem Interesse. Wir wissen, wie sehr wir »mitten drin« sind in der Natur, verbunden mit allem was lebt – und in gleicher Weise bedroht. Die Neuentdeckung der Schöpfungstheologie hat unseren Blick auch auf die Tiere gelenkt, unsere geringsten Brüder und Schwestern. Wir merken, daß wir ihnen als *theologisch* denkende und arbeitende Christen eine Umkehr schulden.

Wir begründen unser Schuldbekenntnis seelsorgerlich.

Seit Jahren erwarten viele Menschen, die im Tierschutz aktiv sind, von uns Pfarrern, daß wir uns für die Rechte der Tiere einsetzen. Enttäuscht haben sich viele von ihnen von der Kirche abgewandt, weil in Theologie, Diakonie und Gemeinde weder in Wort noch in der Tat ein deutliches Zeugnis für die Tiere abgegeben wurde. Das Vertrauen dieser Menschen wiederzugewinnen, die Zeit, Geld, Kraft und zum Teil ihre Gesundheit für die Versöhnung mit den Tieren einsetzen, ist eine *seelsorgerliche* Herausforderung für uns.

Wir begründen unser Schuldbekenntnis ökumenisch.

Besonders am Beispiel der »Tiersegnungen« ist uns aufgefallen, wie schwer sich die evangelische Kirche mit den Tieren tut. Die katholische Kirche hat da weniger Scheu, und wir möchten gerne von ihr an diesem Punkt lernen. Wenn »oikumenos« den gesamten »bewohnten Erdkreis« bezeichnet, dann ist darüber hinaus auch der Zusammenhang alles Lebendigen gemeint. Katholiken und Protestanten haben hier eine gemeinsame Verantwortung, und deswegen schicken wir dieses Schreiben auch an katholische Amtskollegen mit der Bitte, die Sorge für die Tiere zu einem ö k u m e n i s c h e n Anliegen zu machen.

Das Glauberger Schuldbekenntnis ist politisch begründet.

In unseren Augen verfügt Kirche nicht über reale gesellschaftliche Macht, die sie gegen naturfeundliche Wirtschaftsverbände oder tierquälerische Produktionszweige einsetzen könnte. Wir erfahren aber immer wieder, daß Kirche eine moralische Autorität hat, deren Zeugnis in Wort und Tat in die Gesellschaft hineinwirkt. Wenn wir als Theologen und Pfarrer uns nun zu einem politisch brisanten Thema in Form eines Schuldbekenntnisses äußern, dann hat das Signalwirkung: Wir setzen ein Zeichen dafür, daß es bei jeder Veränderung zu allererst nicht aufs Machen ankommt, sondern auf das Eingeständnis der Schuld. Das gilt im Umgang mit den Tieren genauso wie für jede andere politische Veränderung. *»Ohne Schuldbekenntnis ist Versöhnung nicht möglich«* – das ist für uns ein p o l i t i s c h e r Glaubenssatz.

Pfarrerehepaar Blanke (Glauberg)
beim Gottesdienst für Menschen und Tiere

Dieses liebenswürdige Ehepaar *Blanke* bewohnt in Glauberg einen richtigen Pfarrhof, auf dem es neben Kirche und Wohnhaus noch Ställe, eine kleine Scheune und einen riesengroßen Garten gibt. Die Tierhaltung ist enorm, insgesamt 23 Tiere, darunter Pferde, Esel und Hühner. Blankes sind dadurch bekannt geworden, daß sie gelegentlich »Gottesdienste mit Tieren« halten. Sie haben die Aktion AKUT (Aktion Kirche und Tiere) gegründet, die viele Mitglieder hat. Auch dies ist für mich ein Beweis, daß viele Christen heute auf ein befreiendes Wort seitens der Kirche zum Thema Tierschutz warten, obwohl positive Stellungnahmen von oben bereits gegeben, aber noch nicht bis unten durchgedrungen sind. Es bedarf mehr als der Worte allein, es bedarf der Taten.

Briefkontakte nahm ich auch mit Frau *Johanna Wothke* aus Uetzing/Staffelstein auf, die eine gut aufgemachte Zeitschrift »Pro Animale« herausgibt, in der sie über ihre und ihrer Mitarbeiterinnen und Mitarbeiter Aktivitäten berichtet, die vor allem darin bestehen, sich ausgesetzter und gequälter Tiere in Spanien und Italien, vor allem Hunde, anzunehmen, ihnen in ihrem Haus eine neue, tierwürdige Bleibe zu geben. Erstaunlich, welchen Opfersinn und Hingabe diese Mitmenschen für arme, geschundene Mitgeschöpfe aufbringen!

Durch Briefkontakte lernte ich auch *Dr. med. Werner Hartinger* aus Waldshut kennen, der sich engagiert gegen alle Arten von Tierversuchen einsetzt. Mit ihm hatten wir 1989 eine Podiumsdiskussion in der Reihe »Quaestiones discutatae« im Pfarrzentrum zur Familie in Wiesbaden durchgeführt. Dieser

Abend verlief sehr hitzig, vor großem Publikum. Der Kontrahent war ein Tierarzt der *Hoechst AG*, die ja viele Tierversuche für ihre Pharma-Abteilung durchführt. Für und Wider bei den Tierversuchen gingen quer auch durch das Publikum, das engagiert mitdiskutierte. Ich vermute, daß viele Hörer und Diskutanten an diesem Abend nachdenklich wurden.

Meine Aufgabe in Sachen Tierschutz sehe ich weniger in spektakulären Aktionen, sondern in sachlichen Hinweisen zugunsten des Tierschutzes, z.B. an unsere Politiker, u.a. an den Hessischen Ministerpräsidenten, einige Bundestagsabgeordnete, auch ausländische Staatsoberhäupter, immer zugunsten der Tiere. Ich schreibe auch Beschwerdebriefe an Leute, die erwiesenermaßen ihre Tiere nicht artgerecht halten. So einmal an ein Franziskanerinnenkloster in Bayern, die Legebatterien für Hühner haben, mir aber auf meinen freundlich gehaltenen Hinweis nie eine Antwort gaben. Solche Einstellungen betrüben mich sehr.

Wie kommt es, daß in unserer Zeit so viele Menschen so wenig Sinn für die Not der ihnen anvertrauten Tiere haben? Sicher hat es auch früher Tierquälereien gegeben. Aber die Menschen lebten doch durch Jahrtausende in einer Art Symbiose, d.h. Lebensgemeinschaft, mit den Tieren. Man war irgendwie aufeinander angewiesen. Das änderte sich erst in der Neuzeit. Das Tier wurde zur Sache degradiert, über die man schalten und walten kann. Der Mensch, um eine Begründung nie verlegen, hatte bei all' dem immer eine parat: Das geschieht doch um der Menschen willen. Dabei sollte bekannt sein, daß der Zweck nie die Mittel heiligt. An der Rechtlosigkeit der Tiere knüpft seit neuestem die Tierschutzbewegung an, die sich zu einer Tierrechtsbewegung entwickelt.

Die Gefühllosigkeit im Umgang mit Tieren muß wohl auch etwas mit unserer Massengesellschaft zu tun haben. Immer mehr Menschen auf der nicht größer werdenden Erde. Das geht nur gut bei einer immer größer werdenden Sensibilität den Mitmenschen, den Tieren und der gesamten Natur gegenüber. Momentan scheint noch das Gegenteil der Fall zu sein. Raffgier, Ellenbogenfreiheit und Geltungsdrang, die der Ursünde des Menschen, dem Egoismus, entspringen, sind übermächtig. Dagegen muß an vielen Fronten gekämpft werden, durch Aufklärung, eigenes Vorbild, bessere Gesetze und Verordnungen zum Schutz der Tiere, aber auch Boykott, Demonstrationen und Kampf im Rahmen des Erlaubten. Was wir brauchen, das ist Ehrfurcht vor dem Leben.

In Stuttgart findet jedes Jahr am Samstag vor dem Palmsonntag ein sog. »Ostertreffen« mit Ostermarsch und Kundgebung statt. Dies ist eine Demonstration verschiedener Gruppen, die alle für das Leben eintreten, für das Leben der menschlichen Embryos, für die Tiere, gegen jede Form von Tierquälerei und Tierversuchen, für den Schutz der Natur usw. Die Veranstalter dieser Demo hatten mich 1988 eingeladen, das Grundsatzreferat nach dem Umzug durch Stuttgarts Innenstadt auf der Schlußkundgebung auf dem Schloßplatz zu halten. Ich erhielt dafür nicht nur viel öffentlichen Beifall, sondern auch Dank von vielen Einzelpersonen, die anschließend zu mir kamen und ihrem Herzen Luft machten: *»Herr*

Pfarrer, warum hören wir das nie auf unseren Kanzeln?« Ja, warum? Menschenfurcht? Taubheit der Zuhörerschaft? Offensichtlich muß sich da noch vieles ändern. Hier folgt meine damalige Darlegung in Stuttgart:

»Im 4. Buch Mose gibt es eine hintersinnige Erzählung vom Seher Bileam und seinem Esel (Num. 22). Der Esel bemerkte etwas, was Biliam, der auf ihm ritt, nicht wahrnahm. Der Esel bockte, Bileam schlug ihn deswegen, ja, er hätte ihn noch umgebracht, wenn er nur eine Waffe dabei gehabt hätte. Dabei wollte das Tier seinen Herrn nur retten, tat es dann auch, indem es durch sein Verhalten Bileam darauf hinwies, daß Gott ihm etwas sagen wolle. Spät, aber nicht zu spät, war Bileam ob seiner eigenen Blindheit zutiefst beschämt.

Meine lieben Menschen- und Tierfreunde!

Unser Eselchen hat nur gebockt und das aus gutem Grund. Unser Bileam verhielt sich dumm. Dumm und verantwortungslos verhalten sich heutzutage viele Menschen, die in einer Art permanentem Kriegszustand mit der Umwelt leben, sei es aus Gedankenlosigkeit, aus Profitgier oder aus Machtstreben. Zu letzteren rechne ich auch einen Teil der Forscher, die auf Teufel komm raus mit Lebewesen experimentieren, nach dem Motto: es wird schon was gelingen und dabei herauskommen. Diese negative Mentalität wurde in den heute gezeigten Beiträgen und Sketchen sehr anschaulich dargestellt und angeprangert.

Der Mensch, der seit Jahrtausenden in einer weitgehend friedlichen und nützlichen Symbiose – also Einheit – mit der Natur gelebt hat, vor allem mit den Tieren, der hat seit der industriellen Revolution des vergangenen Jahrhunderts mit deren enormen technischen Fortschritten den Sinn für das Maß verloren. Die wissenschaftlich-technische Entwicklung hat ohne Zweifel viel Gutes gebracht. Wir könnten und möchten sie deshalb nicht missen. Ganz schlimm aber sind in deren Gefolge der Verlust der Ehrfurcht vor der Schöpfung, der Ehrfurcht vor dem Leben. Dann gilt das Leben von Ungeborenen oder Schwerstkranken für manche Zeitgenossen nicht mehr. Da werden Tiere zur Sache erklärt und Millionen von ihnen irgendwelchen Versuchen geopfert, von denen man behaupten, sie seien notwendig und dienten dem Fortschritt. Was ist das für ein Fortschritt, der über Hekatomben von Leichen geht! In Hessen waren es allein 1987 – also in einem Jahr – 1,5 Millionen Versuchstiere, die gequält wurden und dann meist auf grausame Weise umkamen.

Was ist das für ein Fortschritt, der mit den Qualen wehrloser Lebewesen erkauft wird! Als moralisch handelnde Menschen, allemal als solche, die den Anspruch erheben Christen zu sein, protestieren wir gegen das millionenfache Leid, das in unserem Land im Namen eines vermeintlichen Fortschritts, im Namen der Wirtschaftlichkeit eines Bauernbetriebes oder der Rendite von Pelztierwaren geschieht! Erst vor kurzem teilte mir ein Professor der Uni in Frankfurt/M. mit, daß die Arzneimittelhersteller eigentliche keine Tierversuche mehr brauchten, weil sich herausgestellt habe, daß sie nutzlos seien für die Pharmaindustrie. Und trotzdem gehen sie weiter. Was soll das! Du sollst nicht töten, das ist eines der ehernen Gesetze für alle Zeiten. D.h. aber auch: der Starke hat das Leben des jeweils Schwächeren zu schützen. Der Mensch nicht als Killer, sondern als Beschützer jedweden Lebens.

Plakat zum Ostertreffen der Organisatoren für das Leben. 1988 in Stuttgart

Wer die Schöpfungsgeschichte der Bibel betrachtet, dem fällt auf, mit welcher Liebe hier geschildert wird, wie Gott der Schöpfer nicht nur den Menschen, sondern auch die Pflanzen und Tiere geschaffen hat. Ergreifend sein Gutachten: »Er sah alles, was er gemacht hatte: es war sehr gut« (Gen 1,31). Dann übergab er dies alles den Menschen, damit sie für seine Schöpfung Sorge trügen. Und was haben wir aus dem Schöpfungsauftrag gemacht? Wir verseuchen die Erde, verpesten die Luft, vergiften das Wasser. Wir zerstören nicht nur die Grundlagen alles Lebendigen, sondern vergreifen uns auch am Leben. Der Mensch, der die Beziehung zum Schöpfer verloren hat, hat auch keine Ehrfurcht mehr vor dessen Schöpfung und damit vor dem Leben. Es muß laut und deutlich gesagt werden: Wir sind nicht die Herren der Welt. Das ist Gott alleine. Wir sind nur ein winziges Organ im irdischen Kosmos. Wenn wir uns in diesem Organismus wie Krebszellen benehmen, werden wir dieses feine lebendige Gebilde unsere Mutter Erde noch umbringen. Das wäre das Aus für alles Leben, also auch für uns.

Verantwortliche Christen bis hinauf in die höchsten Ränge der Bistümer und Landeskirchen wachen endlich auf, angesichts der Gefahren für die gesamte Schöpfung. Seit Carl Friedrich v. Weizsäcker spricht man von einem »Ökumenisch konziliaren Prozeß für Gerechtigkeit – Frieden – Bewahrung der Schöpfung«. Ein erstes Forum findet Mitte April in Königstein im Taunus statt.

Wir wissen, daß Gerechtigkeit und Frieden unteilbar sind, daß die gesamte belebte und unbelebte

Schöpfung darin einbezogen werden muß. Alles Lebendige hat ein Recht auf Leben.

Wir dürfen auch niemandem ohne schwerwiegenden Grund Schmerzen zufügen. Das gilt ebenso für schuldig gewordene und politisch mißliebige Menschen (Folterungen in vielen Staaten), sondern auch für alle Versuchstiere, auch für Spinnen und Insekten. Wir, die wir heute hier zusammengekommen sind, wissen uns als Pioniere in diesem konziliaren Prozeß. Wir kämpfen gegen jede Form von Tierhaltung, die nicht artgemäß ist, gegen alle Tierversuche, machen uns zum Anwalt für das Leben.

Der Leser der Bibel begegnet auf Schritt und Tritt Hinweisen auf unsere Verantwortung für die Schöpfung; ganz besonders im Buch Genesis, in den Psalmen und Weisheitsbüchern sowie in den Paulusbriefen an die Römer und Kolosser. Schon Jesaja hatte einen Traum vom Messianischen Reich, in dem es ein friedliches Miteinander von Mensch und Tier, auch unter den Tieren gibt. Ich zitiere in Auszügen: »Der Säugling spielt vor dem Schlupfloch der Natter, das Kind streckt seine Hand in die Höhle der Schlange. Man tut nichts Böses mehr und begeht kein Verbrechen mehr auf meinem heiligen Berg, denn das Land ist erfüllt von der Erkenntnis des Herrn« (Jes. 11, 8, 9). Diese Vision von der Endzeit, in der Gottes Wille sich endgültig durchsetzt, greift Johannes in seiner Apokalypse auf. Dann wird Gott unter den Menschen wohnen, das Wasser wird klar sein wie Kristall, die Bäume werden strotzen von Leben und Gesundheit und damit von Heil (Apk. 21 u. 22).

Geht es uns heutigen Menschen nun wie dem Eselsreiter Bileam, der zu dumm und viel zu sehr mit sich selbst beschäftigt war, um die Sprache seines Tieres, die Stimme der Natur, zu verstehen; oder stimmt das, was mir einmal ein junger Mann sagte, der sich aktiv im Umweltschutz engagierte: »Gott hat die Menschen falsch konstruiert. Sie sind zu egoistisch und zu engstirnig, um das Überleben zu sichern. Des Menschen Kopf ist besser als das Herz. Der Mensch ist zwar raffiniert, aber nicht gut genug.«?

Es gilt also, die Kräfte des Herzens für eine Welt zu mobilisieren, in der alle leben können, Menschen und Tiere, Starke und Schwache. Dafür setzen wir uns ein. Gemeinsam muß das gelingen.«

Angeregt durch das Beispiel des evangelischen Pfarrerehepaares *Christa* und *Michael Blanke* aus Glauberg in der Wetterau und mit ihnen zusammen, sowie dem katholischen Theologen *Winfried Belz* aus Wilhelmsfeld bei Heidelberg wurde am Fest Christi Himmelfahrt 1991 ein »Wort- und Segensgottesdienst für Menschen mit Tieren« in Wiesbaden abgehalten, bei dem wir mit den Teilnehmern für alle Menschen gebetet haben, daß sie verantwortungsvoll mit den Tieren umgehen. Ich hoffe, damit mehr eine Bresche in die Mauer des Schweigens zu schlagen.

Etwas fiel mir im Umgang mit »Tierschützern« auf: viele von ihnen sind Vegetarier, Vegetarier um der Tiere willen, also aus Idealismus. Auch für mich wurde das Anliegen des Tierschutzes zu einem der Gründe, Vegetarier zu werden. Wie das genau vor sich ging, werden Sie im nächsten Kapitel lesen können.

Tierschutz und Vegetarismus, das sind bei mir zwei Entwicklungslinien, die ein langes Leben verdeckt nebeneinander liefen, um dann ineinander zu gehen und sich mit dem großen Strang, der mein Leben ist, zu vereinen: Die Liebe zu Gott und für seine Schöpfung, Ehrfurcht vor allem Leben, oder wie Jesus Christus das im Hinblick auf uns und die uns anvertrauten Mitgeschöpfe sagte: *»Ich bin gekommen, damit sie das Leben haben und es in Fülle haben« (Joh. 10, 10).*

Pfarrer Michael Blanke (Glauberg)
beim Gottesdienst mit Menschen und Tieren

Vegetarier

Wie kommt man dazu, ein Vegetarier zu werden? In der Regel hat diese Entscheidung zur Umstellung von der Normalkost zur vegetarischen Kost eine leidvolle Vorgeschichte, von Krankheiten gezeichnet. Das muß aber nicht immer so sein. Zu dieser Entscheidung kann auch ein Gesunder kommen, aus verschiedenen Gründen. An der Spitze dürfte meist die eigene Gesundheit stehen, wogegen auch nichts einzuwenden ist. Wir wollen alle leben, so gesund und harmonisch wie möglich. Das Leben ist das Geschenk, das Gott uns allen gemacht hat. Das heißt auch, wir haben damit so pfleglich wie möglich umzugehen.

Wie kam ich dazu, ein Vegetarier zu werden? Das hat eine lange Vorgeschichte. Die werde ich zunächst kurz erzählen. Ja, es ist wirklich eine lange Vorgeschichte. Als geborener Rheinländer (Wuppertal-Barmen) sage ich manchmal scherzhaft: Bei mir dauerte es 63 Jahre, bis der Verstand kam.

Mein Leben fing nicht sehr verheißungsvoll an.Schuld daran war eine Milchallergie, die als solche weder von meinen Eltern noch von einer Vielzahl konsultierter Ärzte erkannt wurde. Durchfall und seine unangenehmen Folgen, das sind meine frühesten Kindheitserinnerungen. Ich wurde von Arzt zu Arzt und von Krankenhaus zu Krankenhaus geschleppt, aber niemand erkannte die Ursachen. Meine Großmutter erklärte ihrer Tochter: Du mußt dich damit abfinden, dieses Kind wirst du nie groß bekommen.

Die Rettung kam durch eine Wohnsitzveränderung. 1931, als ich fünf Jahre alt war, verzog unsere Familie von Barmen nach Wiesbaden. Die erste Erkundigung, die meine Eltern einzogen, war: Wo wohnt hier der beste Kinderarzt? Man nannte ihnen *Dr. Schnitzler*, einen jüdischen Kinderarzt, der selbst zwölf eigene Kinder hatte. Seine Praxis hatte er in der Friedrichstraße, im Haus von Elvers und Pieper (jetzt Teppichhaus Danker), im ersten Stock. Meine Mutter nahm mich zartes fünfjähriges Bübchen an die Hand, um mich *Dr. Schnitzler* vorzustellen. Dieses Ereignisses erinnere ich mich noch ganz genau. Wir betraten das Sprechzimmer. Er saß hinter einem riesigen Schreibtisch. Bevor wir Gelegenheit hatten, guten Tag zu sagen, da erhob er bereits seine mächtige Stimme: *»Sie brauchen mir gar nichts zu sagen. Das Kind hat eine Milchallergie. Geben Sie ihm ab sofort nie mehr Milch zu trinken, und das Kind ist gesund. Auf Wiedersehen.«* Damit waren wie beide entlassen, ohne die Gelegenheit, auch nur ein Wort zu sprechen, zu erhalten. Eine Rechnung kam nie. Ich bekam keine Milch mehr. Seitdem war ich gesund. Mein Leben lang habe ich keine Milch mehr getrunken.

Meine Eltern stammen beide aus dem Bergischen Land, wo man gerne gut und – jedenfalls früher – mächtig ißt. Wurst, Speck und Schinken gehörten schon zum Frühstück, manchmal sogar Bratkartoffeln. Das hielt man damals für gesund und einem wohlsituierten Bürger angemessen. Meine restliche

Kindheit und Jugendzeit war ich kerngesund, von gelegentlich auftretender bronchialer Erkrankung abgesehen. Ich danke dies einer kräftigen Natur und Statur. Sportlich erbrachte ich gute Leistungen, besonders in Leichtathletik, Handball, Schwimmen, Boxen und Sportschießen.

Meine erste und einzige wirklich schwere Erkrankung bekam ich mit 22 Jahren, eine beiderseitige Lungentuberkulose. Vermutlich eine Folge der Unterernährung in den ersten Nachkriegsjahren, vielleicht auch eine Spätfolge der Internierung vom Kriegsende bis Oktober 1945. Nach langem Krankenhausaufenthalt in Frankfurt fand ich die Gesundheit in den beiden Lungenheilstätten in Neurod bei Wiesbaden und in Rosenharz in Oberschwaben wieder. Wesentlich zur Genesung trugen gute Ärzte und Schwestern bei, ferner die Hilfe meines Freundes *Walter Adlhoch* (der spätere Stadtparrer von Frankfurt am Main), viel frische Luft bei Tag und Nacht, eine gute Ernährung und eine eiserner Wille. Ich wollte leben, ich wollte weiterstudieren, ich wollte Priester werden. Dieser Gesundungsprozeß dauerte ein ganzes Jahr. Danach war ich vollständig geheilt.

In den 39 Jahren meiner bisherigen Berufstätigkeit habe ich intensiv arbeiten müssen, aber auch wollen. Es wurde mir nichts geschenkt. Ich habe mir selbst auch nichts geschenkt. Mehrere Male war ich Jahre hindurch ohne Urlaub und freie Tage. Ich hatte eine kräftige Gesundheit und war in meine Tätigkeit für Gottes Reich und für die Menschen, ganz besonders für die jungen, vernarrt. Beschwerden gesundheitlicher Art traten zwar sporadisch auf, wurden aber nicht weiter beachtet, geschweige behandelt. Das kommt von meinem Naturell. Als Rheinländer besitze ich viel Optimismus und eine heitere Lebensart. Den Ärzten traue ich nicht allzuviel, bemühe sie aber doch, wenn ich ernsthaft krank werde. Wer täte das nicht?

Anfangs meiner 40er Jahre stellten sich erste, meist bleibende Beschwerden ein, so an den Bandscheiben, im Lendenbereich, am Enddarm, in den Knien und Füßen. Erstmalig bekam ich Zähne behandelt und mußte mir eine Lesebrille verschreiben lassen. Die Bronchitis wurde chronisch. Ich erhielt viele Spritzen und Tabletten, aber es half nicht viel. Berufliche Auslastung, auch ein Schuß angeborenes Phlegma á la *»Johannes, nimm dich nicht so wichtig!«* (ein Ausspruch des Papstes Johannes XXIII. seinen Verwandten gegenüber) ließen mich das alles nicht so ernst nehmen. Ich empfand mich selbst als ein typischer Fall von »pflegeleicht«. Doch, da täuschte ich mich.

Eines Tages diagnostizierte ein bekannter Professor vom Städtischen Krankenhaus in Frankfurt-Höchst bei mir Gicht. Die Schmerzen waren sehr behindernd, aber verdient. Von einem Freund hatte ich nämlich eine Kiste besten französischen Rotweins erhalten. Dieser war der Auslöser. Mein guter Professor verschrieb mir einen Berg von Tabletten gegen die Gicht. Ich habe sie nie eingenommen. Stattdessen schaute ich mich nach natürlichen Heilmitteln um. Meine Selbstheilungstherapie lautete: Wenn man durch falsches Essen bzw. Trinken Krankheiten hervorruft, muß man auch durch richtiges Essen bzw.

Trinken wieder Gesundheit erlangen können. In irgendeinem Lexikon las ich, daß Gicht durch zu viel purinhaltige Ernährung hervorgerufen wird. Das war die Spur. Wie erfahre ich, was purinarme Kost ist? Ich erfuhr es. Irgendwoher erhielt ich eine Tabelle, auf der alle purinarmen Nahrungsmittel aufgeführt waren. Danach richtete ich mich ab jetzt eisern. Die Schmerzen in den Gelenken hatten nach etwa zwei Monaten nachgelassen. Ich ging wieder zu meinem Professor und stellte mich ihm vor. Als das Ergebnis der Blutuntersuchung feststand, es war exzellent, da staunte mein Doktor mich an: *»Wie ist das möglich?«* Ich erklärte ihm den Hergang. *»Was haben Sie mit der verordneten Arznei gemacht?« »Ich habe alle Tabletten weggeworfen, habe keine genommen.« »Das war gut«*. Nach einer weiteren Blutuntersuchung wurde ich als vollkommen geheilt entlassen. Wer hat hier wen geheilt?

Dieses Ereignis bedeutete in meinem Leben so etwas wie eine Wendemarke. Die Skepsis gegen die Schulmedizin und deren Arzneien wuchs. Doch ich fand niemanden, mit dem ich mein Anliegen besprechen konnte, z.B. Vertreter einer alternativen Medizin, von Naturheilverfahren oder Ernährungswissenschaft. Dazu kommt, daß die Beschäftigung mit meinem eigenen Ich in meinem Leben eine geringe Bedeutung spielte und spielt. Ertragen kann ich eine ganze Menge. Das hatte ich auch sehr nötig, besonders während meiner oft sehr beschwerlichen Reisen in tropischen und subtropischen Ländern. Seit 1978 mußte ich immer Kniestrümpfe aus Gummi oder Bandagen tragen, wegen der Durchblutungsstörungen in den Beinen. In tropischer Hitze ist das sehr schwer. Die Arthrose und Arthritis in Hüften, Knien und linkem Fuß, die mich seit Mitte meiner 40er Jahre quälten und behinderten, wurden immer schlimmer. Mit zunehmendem Alter setzte der Kampf gegen das Dicker- und Schwererwerden ein. Kein leichter Kampf, dabei mit nur wechselhaftem Erfolg.

Die eigentliche und radikale Wende habe ich im ersten Kapitel dieses Buches beschrieben. Damals, als ich von einer ergebnislosen Kur nach Hause kam. Damals, als ich auf der Heimreise von Bad Kohlgrub nach Wiesbaden das Buch von *Harvey und Marylin Diamond »Fit für's Leben«* gelesen hatte und mich intuitiv entschied, diesen dort vorgeschlagenen Weg der Ernährung zu beschreiten, einen besonderen Weg der Ernährung nach den Richtlinien der »natürlichen Gesundheitslehre«, die sich »SonnenKost« nennt und in Deutschland von der *»Gesellschaft für natürliche Lebenskunde«* verbreitet wird. Diese fordert keineswegs den Vegetarismus, legt es aber doch denen, die es sich zutrauen ans Herz, den vollen Schritt zu tun und Vegetarier zu werden. Ich wollte gleich den schwereren und radikaleren Weg beschreiten und tat es. Das ist so meine Art. Diesen Schritt habe ich unter Kontrolle meines Hausarztes getan, und das geschieht auch noch bis zur Stunde.

Mein Weg, für den ich mich entschied, heißt also »SonnenKost«, und zwar die schärfere Gangart, nämlich in Verbindung mit einem konsequenten Vegetarismus und dabei viel Rohkost. Ich esse kein Fleisch, keine Fleischwaren, trinke keine Milch, esse keine Milchprodukte, keine Eier, weder Rohrzucker noch Salz, auch keine scharfen Gewürze, wenig Gekochtes, nur leicht gegartes Gemüse. Stattdessen esse ich viel frisches reifes Obst (morgens meine einzige Nahrung), viel frische Salate und Gemüse, Nüsse, selten einmal abends eine Scheibe Vollkornbrot mit etwas Butter, meist mit Erdnußbutter oder honiggesüßter Marmelade bestrichen. Trinken tue ich wenig, da das frische Obst und Gemüse genügend Flüssigkeit enthalten. Wenn ich durstig bin, dann trinke ich mit Honig gesüßten Pfefferminztee oder destilliertes Wasser. Kaffee und schwarzer Tee schmecken mir nicht mehr. Dabei habe ich früher Bohnenkaffee sehr häufig und stark getrunken, wegen des Kreislaufs und gegen die Müdigkeit. Heute habe ich das ohne jedes Aufputschmittel nicht mehr nötig. Der Körper lehnt es auch ab, und ich folge dessen Intuitionen. Hungern tue ich nicht mehr, im Gegensatz zu vorher, wo ich ständig durch Essenentzug gegen das Dickerwerden anzukämpfen hatte. Jetzt esse ich so viel, wie ich mag, und das ist sehr unterschiedlich. Ich habe gelernt, mich nach meinem Körper zu richten.

Der Autor im Urlaub in Nordfriesland

Wie wird das Essen auf den Tag verteilt? Morgens esse ich nur frisches Obst, wie es in der Sonne gereift ist, niemals als Kompott zubereitet. Meine Lieblingsfrüchte: Ananas, Weintrauben, Äpfel, Apfelsinen und Pampelmusen. Im Sommer die jeweils reifen Früchte, wie Kirschen, Erdbeeren, Aprikosen usw. Zum Mittagessen esse ich immer Salat, aus verschiedenen Salatsorten, Tomaten und Gurken mit Pflanzenölen (Olivenöl, Distelöl, Sonnenblumenöl) und Gartenkräutern angerichtet. Dazu esse ich entweder leicht gegartes Gemüse oder rohes Gemüse (roter oder gelber Paprika, Karotten u.a.) und leicht gekochte oder rohe Kartoffeln. Die Tendenz entwickelt sich eindeutig zur Rohkost, weil die mir besser bekommt. Nachmittags esse ich etwa eine Handvoll Nüsse. Abends esse ich Obstsalat aus Äpfeln, Orangen und Rosinen, dazu eine Scheibe Vollkornbrot mit etwas Butter, oder mit Erdnußbutter oder mit Honig gesüßter Marmelade. Ich kann und will Ihnen hier natürlich nicht die gesamte Methode der »SonnenKost« darlegen. Dafür gibt es eine Vielzahl von Literatur und auch eine eigene Zeitschrift, die ich als Mitglied in dem »Lebenskunde e.V.« erhalte. Die Mitgliedschaft wählte ich, um auf dem Weg der Korrespondenz und durch deren Zeitschrift und Schrifttum weiteres zu erfahren.

Ich beabsichtigte von Anfang an, meine neue Ernährungsweise, mit der ich nicht scheibchenweise, sondern en bloc begann, mit meinem bisherigen Hausarzt, den ich sehr schätze, zu besprechen. Etwa drei Wochen nach meiner Rückkehr aus der Kur und nach meiner Essensumstellung besuchte ich ihn und teilte ihm alles mit.

Die Erfolglosigkeit der hinter mir liegenden Kur und aller bisherigen Therapien (Medikamente, Bäder, Massagen, Lymphdrainagen u.a.m.), aber auch die kolossale Besserung meiner Gesundheit seit meiner Umstellung im Essen und Trinken. Ich bat um eine gründliche Laboruntersuchung des Blutes, um EKG, Herz- und Kreislaufuntersuchung, überhaupt um einen gründlichen Test des Allgemeinbefindens. In den kommenden Tagen folgten die klinische Untersuchung des Blutes, EKG, Feststellung des Blutdrucks, Kontrolle von Herz und Lunge. Ergebnis: Bedeutend bessere Werte als früher. Die Schmerzen im Halswirbel-, Lenden-, Knie- und Fußbereich waren (bis auf die im linken Knie) fast ganz verschwunden. Das Allgemeinbefinden war bedeutend besser geworden. Die chronische Bronchitis und Herzinsuffizienz waren vorbei. Der Kommentar meines Arztes: *»Machen Sie so weiter!«* Ich nahm übrigens vom ersten Tag seit meiner Essensumstellung auf Sonnen-Kost keinerlei Medizin mehr, weil ich sie nicht mehr brauche.

Ich nahm mir vor, den beschrittenen, offensichtlich erfolgreichen Weg des vegetarischen Essens nach der Methode der »natürlichen Gesundheitslehre« (»SonnenKost«) weiterzugehen, aber unter regelmäßiger Kontrolle (etwa alle vier bis fünf Monate) meines Arztes. Dies wenigstens für die erste Zeit. Sehr bald waren meine Blutwerte und andere medizinische Daten einwandfrei, *»wie bei einem gesunden jungen Mann«*. Ich fühle mich wohl und frisch.

Wie nahmen die Menschen meiner Umwelt das auf? Ich bin ja ständig von vielen lieben Menschen umgeben, die mich interessiert beobachten. Sie hatten mit großer Besorgnis festgestellt, wie ihr Pfarrer

1989 nur noch mit viel Beschwerden die Stufen zum Altar hinauf- und heruntergehen, auch keine Kniebeugen mehr machen konnte. Viele sorgenvolle Augen begleiteten mich auf Schritt und Tritt. Dieselben Augen bemerkten aber auch, daß es dem Pfarrer auf einmal besser zu gehen schien. Was ihnen allerdings ungeheuer vorkam: der nimmt ja immer mehr ab (in drei Monaten immerhin 17 Kilo – von da an nicht mehr), obwohl er doch viel besser als vorher aussieht!

Ich bin kein Mensch, der sich über solche Dinge ausschweigt. Wo immer ich »bekannte«, da wurde ich gutmeinend gewarnt. Am häufigsten hörte ich die Warnungen vor Kräfteverlust (das Gegenteil ist der Fall) und vor Entzugserscheinungen (die haben sich bis heute – also ein Jahr später – noch nicht eingestellt). Kollegen warnten mich vor einem Verlust sozialer Kontakte. Ich müßte doch bei Einladungen und bei Festen »mithalten«. Ich bin da anderer Meinung. Ich habe zu tun, was ich für richtig halte, um damit unter Umständen ein Vorbild zu geben, auch gegebenenfalls die Rolle eines Vorreiters zu spielen. In diesem Punkt habe ich allerdings ein Zugeständnis gemacht. Sonnenköstler, die auch Vegetarier sind (letzteres tun fast alle) trinken in der Regel keinen Alkohol. Auch mir ist und war an Alkohol nie viel gelegen. Was soll ich aber tun, wenn ich bei Feierlichkeiten eingeladen bin, z.B. anläßlich gewisser »runder Geburtstage« bei Senioren, bei Kindertaufen, Trauungen usw.? Irgend etwas muß ich ja dann essen oder trinken, sonst sind die Gastgeber beleidigt. Frisches Obst wird fast nie angeboten. Kuchen oder belegte Schnittchen, Kaffee, Tee und alkoholische Getränke passen nicht in mein Programm. In Wiesbaden beginnt der Rheingau. Da gibt es guten, ungepanschten, vollvergorenen und ungesüßten Wein. So lasse ich mir Wein anbieten. Ich habe festgestellt, daß er mir gut bekommt und die Gastgeber zufrieden sind.

Was hat sich bei mir seit der Essensumstellung geändert? Ich stelle nur Änderungen zum Guten, keine negativen fest. So empfinde ich eine angenehme Leichtigkeit im ganzen Körper, vor allem im Kopf. Manchmal komme ich mir vor, als sei ich ein neuer Mensch. Die arthrotischen Schmerzen in beiden Hüften sind weg, ebenso in beiden Knien und im linken Fuß. Nur im linken Knie habe ich noch beim Beugen etwas Beschwerden. Ich freue mich über die Gewichtsabnahme. Das Gewicht hat sich nach einer anfänglichen (in den ersten drei Monaten) Abnahme von 17 Kilo seitdem auf 87 Kilo eingependelt. Das tut mir spürbar gut. Nägel und Haare haben eine größere Festigkeit erhalten. Die Herzinsuffizienz hat sich ganz behoben, ebenso die chronische Bronchitis. Der behandelnde Arzt: *»Ihr Herz ist organisch wieder voll gesund«*. Der Blutdruck ist in den ersten drei Monaten von 190 : 140 auf 110 : 90 gesunken. Die Haut ist besser durchblutet als zuvor. Die Kälteempfindlichkeit von früher ist gewichen. Ich benötige keine Brille mehr zum Lesen. Seit 20 Jahren lief ohne sie nichts. Der Stuhlgang ist leicht und fast geruchlos. Fast geruchlos sind auch der Urin und die Ausdünstungen der Haut. Magen und Darm befinden sich in bestem Zustand. Das Wasserlassen klappt besser als früher. *»Weitermachen«*, sagt mein Arzt, *»Sie sind auf dem rechten Weg!«* Ich werde auch weitermachen. Selbstmord mit Messer und Gabel, das will ich auf keinen Fall begehen, zumal das ein schmerzliches und lange währendes Unternehmen wäre.

Neben diesen auffallenden körperlichen Symptomen habe ich auch eine geistig-seelische Veränderung an mir festgestellt. Zu einer größeren Leichtigkeit im Denken kommt eine bessere emotionale Ausgeglichenheit und Friedfertigkeit. Dies hängt vermutlich mit dem Nachlassen des Spannungszustandes zusammen, in dem der Körper sich früher befand. Gar nicht auszudenken, wie sich das auswirken würde, wenn eine Mehrheit der Menschen ähnliches erlebte.

Ich habe den Eindruck, ich bin mir jetzt mein eigener Arzt. Die Mediziner sind meine Ratgeber, die großes Wissen und Erfahrung haben. Ich benötige ihre Hilfe, z.B. bei notwendigen Operationen, Unfällen, Impfungen vor Reisen in tropische Länder, Untersuchungen u.a.m. Aber die Entscheidungen, solange ich dazu fähig bin, die fälle ich selbst. Ich vertraue den Selbstheilungskräften meines Körpers und mißtraue der Medikamentenmedizin.

Warum ich das alles schreibe? Weil ich das in die Welt hinausschreien muß. Ganz viele Menschen essen und leben falsch, ruinieren so ihre Gesundheit. Es gibt viel zu viele Kranke. Das ganze Gesundheitssystem wird bald nicht mehr bezahlbar sein. Unsere Krankenhäuser sind selbst krank. In der Dritten Welt traf ich diese Probleme längst nicht in diesem Maße an. Da es den meisten Deutschen gut geht, geben sie viel zu viel Geld für´s Essen und Trinken, für Bequemlichkeit und Wohlleben aus. Wenn Menschen mich auf mein gutes Aussehen ansprechen und ich sie wahrheitsgemäß über meinen Lebensstil, vor allem das Essen nach der Methode der »SonnenKost« unterrichte, dann höre ich so viel Einwände. Diese ewigen *»Ja, aber!«* Beispielsweise: *»Auf frisches Obst bekomme ich Durchfall«*. Wie gut, eine ganz normale Reaktion des Körpers, der die Körpergifte und Schlacken von Jahrzehnten abstößt! Oder: *»Morgens brauche ich meinen starken Kaffee.« »Mittags muß ich warmes Essen haben.« »Das alles schmeckt bestimmt nicht.« »Ich muß hart arbeiten, woher soll ich denn meine Kraft erhalten?«* Und viele andere Einwände mehr. Ich will die angesprochenen kurz beantworten. Der Körper stellt sich auf das frische Obst morgens, überhaupt auf die neue Ernährungsweise schnell ein. Nur in den ersten Tagen reagiert er mit Durchfall, der eine Selbstreinigung des Darmes von alten Schlacken ist. A propos Kaffee. Sie werden schon feststellen, daß es auch ohne Kaffee geht. Ich war einmal, fast ein ganzes Leben, ein Kaffeenarr, habe immer starken und viel Kaffee getrunken. Jetzt trinke ich gar keinen Kaffee mehr, und es geht mit dem Blutdruck und Kreislauf besser als vorher. Mittags esse ich meistens etwas warme Kost, aber nur leicht gegart und keinesfalls verkocht. Die Tendenz geht allerdings bei mir eindeutig zur Rohkost, an der ich immer mehr Geschmack finde. Woher kommt die Kraft bei einem »Sonnenköstler« (so genannt wegen den in der Sonne gereiften Früchten, von denen er sich in erster Linie ernährt), der obendrein auch Vegetarier ist? Unsere Kraft und Energie beziehen wir aus den Kohlenhydraten, in unserem Fall direkt aus dem Fruchtzucker im Obst. Das ist auch für Schwerarbeiter und Sportler genug, vorausgesetzt, man ißt genügend davon.

Man muß sich im Leben immer wieder neu entscheiden. Immer nur in ausgefahrenen Geleisen bleiben, das tut nicht gut. So müssen wir uns auch auseinandersetzen zwischen unserer herkömmlichen Ernährung, die uns natürlich gut schmeckt und die wir deswegen immer raffinierter verfeinern, die unserer Gesundheit aber zur Gefahr wird, vor allem wenn wir älter werden, und eventuell neuen, gesünderen Methoden der Ernährung. Warum sollte man da nicht einfach mal mit sich selbst experimentieren? Ein Versuch kostet doch nichts! Geht der schief, kann man nach zwei, drei Monaten immer noch aufhören, wenn sich herausstellt, daß diese Art des Lebens und der Ernährung sich bei uns nicht positiv, sondern negativ auswirkt. Haben Sie also Mut zu einer alternativen Lebensweise, für die vieles spricht, z.B. die Erhaltung unserer Gesundheit und geistigen Spannkraft; mehr Chancen im Kampf gegen den Hunger in der Welt; Askese (d. i. freiwillig gewählte Enthaltsamkeit, um Großes leisten zu können) zur Bewältigung der Herausforderungen der Gegenwart und der Zukunft u.a.m.

Wegen meiner Ernährungsumstellung werde ich in viele Gespräche verwickelt. Die meisten Leute finden die Folgen, vor allem die Gewichtsabnahme zwar ausgezeichnet, aber bei sich selbst damit anfangen wollen sie nicht. Wahrscheinlich scheint es ihnen zu schwer. Deshalb möchte ich die Gründe, die dafür sprechen, die auch bei meiner Umstellung bewußt oder unbewußt eine Rolle gespielt haben, zum Schluß dieses Kapitels noch einmal zusammenfassen. Für SonnenKost oder Vegetarismus, am besten für beides zusammen, sprechen folgende Gründe:

1. **Ein gesundheitlicher Grund.** Trotz ständig steigender Anstrengungen und Kosten im Gesundheitswesen werden bei uns in Deutschland immer mehr Menschen immer mehr und länger krank. SonnenKost und Vegetarismus werden die Krankheitsrate und die Krankheitskosten drastisch senken, weil sie gebündelt, aber auch schon jedes allein einen Beitrag zur größeren Gesundheit der Menschen leisten.

2. **Ein sozial-ethischer Grund.** Ein ganz großes Problem unserer Zeit ist der Hunger in vielen Teilen der Welt. Es ist sehr wahrscheinlich, daß von dem, was ein einziger fleischessender Mensch ißt, etwa fünf bis sechs Vegetarier leben könnten. Ein weit verbreiteter Vegetarismus wäre ein Beitrag gegen den Hunger in der Welt.
   Siehe dazu die Fußnote Seite 69.

3. **Ein tierschützerischer Grund.** Unsere derzeitige Lebensweise kommt kaum an der modernen Massentierhaltung vorbei. Die aber bringt unsagbares Leid und Qual über Millionen von Tieren. Vegetarismus ist ein wichtiger Beitrag zum Tierschutz.

4. **Ein politischer Grund.** Die hohen beruflichen und mitmenschlichen Anforderungen unserer Zeit in einem modernen Staat, wie wir es sind, verlangen von unserem Volk, wenn es bestehen will, eine einfache, gesunde und dadurch elitäre Lebensweise. Eine genußsüchtige und lustbetonte Generation verschleudert, was frühere Generationen in harter und oft asketischer Lebensweise erworben haben. Wir benötigen zumindest eine möglichst breite Schicht von Menschen, die zur Askese in den Bereichen der Ernährung, der Sexualität und des Genießens (z.B. Alkohol, Tabak) bereit und fähig sind. Vegetarismus ist ein Beitrag zu einer körperlich und seelisch gesunden und widerstandsfähigen Generation.

Viele bedeutende Persönlichkeiten, auch unserer Zeit, sind noch einen Schritt weitergegangen, wenn sie vor wichtigen Entscheidungen ihres persönlichen oder gesellschaftlichen Lebens standen: sie haben oft lange gefastet. Denken wir nur an *Mahatma Ghandi*. Alle Religionen der Welt kennen den Zusammenhang von Essen, auch zweitweiligem Essensverzicht, und dem seelischen Befinden des Menschen. Das weist uns auf das Thema des nächsten Kapitels hin: Was sagen uns Bibel und unsere Kirchen zu den angeschnittenen Themen Tierschutz und Vegetarismus.

*von Alfred Kastler, Nobelpreisträger für Physik, zitiert Gotthard M. Teutsch in seinem lesenswerten Buch »Da Tiere eine Seele haben ...« folgendes: »Die Verfügbarkeit von Protein in den Ländern der Dritten Welt und die Ernährungssituation im allgemeinen wird durch einen Trend verschlechtert, der seit einigen Jahren in den Industrieländern an Boden gewinnt. Ich meine die Entwicklung von Tierzucht-Batterien im industriellen Maßstab, die einen wachsenden Anteil der Weltgetreideproduktion, insbesondere eiweißreiche Sorten wie zum Beispiel Sojabohnen, verschlingt. Am 26. Janur 1976 zitierte die französische Wochenzeitung »Le Nouvel Economiste« folgende Zahlen: von den 1,2 Milliarden Tonnen Getreide, die jährlich auf der Welt produziert werden, entfallen 400 Millionen Tonnen auf die Viehfütterung in den reichen Ländern. Wenn man bedenkt, daß zur Erzeugung eines Kilos tierischen Eiweißes fünf bis zwanzig Kilo pflanzliches Eiweiß erforderlich sind, könnte dieses Getreide bei direktem Verzehr 1,5 Milliarden Menschen ernähren.
Das Bild, das der »Nouvel Economiste« entwirft, bestätigt der französische Umweltwissenschaftler René Dumont, der die Weltgetreideproduktion 1977 mit 1,4 Milliarden Tonnen veranschlagt, von denen 430 Millionen – also nahezu ein Drittel – als Tiernahrung Verwendung finden. Dumont hebt hervor, daß das von Peru produzierte Fischmehl zur Viehfütterung dient, während die Andenindianer an Proteinmangel leiden.
Seit dem vergangenen Jahr hat die französische Landwirtschaftsbehörde (Comptoir National Agricole) 330.000 Tonnen Sojabohnen aus dem brasilianischen Staat Rio Grande do Sul importiert. Dabei ist die Hungersnot im Nordosten Brasiliens endemisch.«

Was die Bibel sagt

Wir Christen werden von der Heiligen Schrift und der sich daraus ergebenden Praxis unserer Kirchen geprägt. Die Liebe zur Schöpfung und die uns für sie anvertraute Sorge ist in beiden Büchern des Alten wie des Neuen Testamentes ganz evident, keineswegs nur in den zwei Schöpfungsberichten, die im Buch Genesis 1,1 bis 1,25 stehen.

Als Priester meiner Kirche bete ich täglich mit viel Freude und geistlichem Gewinn das Brevier. Es ist ein Gebetbuch, das vorwiegend aus Gebeten und Lesestücken der Bibel zusammengestellt ist. Da begegnet mir immer wieder das Lob auf den Schöpfer und seine Schöpfung, vor allem in den Psalmen, die Gebete frommer Juden aus vorchristlicher Zeit sind. Diese Liebe zu Schöpfer und Schöpfung hat mich und meine Gemeinde Hl. Familie in Wiesbaden, Lessingstraße 19, veranlaßt, sie zum Thema eines großen Bilderzyklus für die nördliche Seitenwand zu machen, der zur Zeit in Arbeit ist. Der Auftrag ist an den Kunstmaler *Reinhard Daßler* aus Karlsruhe vergeben.

Die Themen der fünf großflächigen Bilder sind: Gottes Schöpfung durch die Menschen und die Strafe der Sintflut, Die Heilung beginnt mit dem unscheinbaren Leben Jesu in der Heiligen Familie in Nazareth, Die gesamte Schöpfung wird durch Jesu Kreuzestod erlöst, Die Vollendung der Schöpfung geschieht im »Neuen Himmel und der Neuen Erde.«

Die Fragen des Tierschutzes und des Vegetarismus sind in der Form, wie sie sich uns heute stellen, in der Bibel nur andeutungsweise beantwortet, weil sie sich wie uns heute damals nicht so stellten. Die Hl. Schrift ist kein Rezeptbuch mit Lösungsanweisungen für alle Fragen aller Menschen aller Zeiten. Sie ist eine geisterfüllte Schrift. Man muß sich mit diesem Geist Gottes durchtränken lassen, dann kommt man vielen Lösungen nahe. Das gilt auch für unsere beiden modernen Fragestellungen von Tierschutz und Vegetarismus.

Hinweise auf den Tierschutz zu finden, gar Tierrechte, von denen heute bereits gesprochen wird, dafür war die damalige Zeit nicht reif. Das war damals, als die einzelnen biblischen Schriften geschrieben und zusammengestellt wurden, auch noch gar nicht nötig. Deswegen, weil die Menschen in einer ganz anderen Welt lebten, in der es noch keine Massentierhaltung, Massenschlächtereien, Pelztierfarmen oder gar Tierversuche gab. Im Gegenteil, Menschen und Tiere lebten in einer Art Symbiose, in einer Lebensgemeinschaft; der Reiter mit seinem Pferd oder Esel, die Hausfrau mit den Haustieren. Die Kinder wuchsen ganz selbstverständlich in Gemeinsamkeit auf. Das Dilemma unserer heutigen Zeit gab es also damals noch nicht. Wo es ein gestörtes Verhältnis einzelner oder auch als Zeiterscheinung gab, da wurde es vor allem von den Propheten gegeißelt. Die Tieropfer als Tempelopfer – sicher ein archaisches Relikt –, die ich für eine Abart halte, wurden nach der Zerstörung des Tempels durch die Römer 75 n. Chr. nie wieder aufgenommen. In den

Sprüchen Salomos heißt es: *»Der Gerechte erbarmt sich seines Viehs, aber der Gottlose ist unbarmherzig (Sprüche 12, 10). »Welch hartes Urteil über alle, die Tiere quälen!«*

Im vierten Buch Mose (Numeri) erfreut mich immer wieder die Erzählung von Bileam und seinem Esel. Hier werden die Würde des Tieres und die Gedankenlosigkeit eines Menschen plastisch beschrieben (Num. 22). Im Breviergebet für den dritten Sonntag in einem Vierwochenzyklus beten wir den »Lobgesang der drei jungen Männer«, der auszugsweise hier folgt:

»Preist den Herrn, all ihr Werke des Herrn; lobt und rühmt ihn in Ewigkeit!

Preist den Herrn, ihr Himmel; lobt und rühmt ihn in Ewigkeit!

Preist den Herrn, ihr Engel des Herrn; lobt und rühmt ihn in Ewigkeit!

Preist den Herrn, all ihr Wasser über dem Himmel; lobt und rühmt ihn in Ewigkeit!

Preist den Herrn, all ihr Mächte des Herrn; lobt und rühmt ihn in Ewigkeit!

Preist den Herrn, Sonne und Mond; lobt und rühmt ihn in Ewigkeit!

Meister Bertram: Erschaffung der Tiere

Preist den Herrn, ihr Sterne am Himmel; lobt und rühmt ihn in Ewigkeit!

Preist den Herrn, aller Regen und Tau: lobt und rühmt ihn in Ewigkeit!

Preist den Herrn, all ihr Winde; lobt und rühmt ihn in Ewigkeit!

Preist den Herrn, Feuer und Glut; lobt und rühmt ihn in Ewigkeit!

Preist den Herrn, Frost und Hitze; lobt und rühmt ihn in Ewigkeit!

Preist den Herrn, Tau und Schnee; lobt und rühmt ihn in Ewigkeit!

Preist den Herrn, Eis und Kälte; lobt und rühmt ihn in Ewigkeit!

Preist den Herrn, Rauhreif und Schnee; lobt und rühmt ihn in Ewigkeit!

Preist den Herrn, Licht und Dunkel; lobt und rühmt ihn in Ewigkeit!

Preist den Herrn, ihr Blitze und Wolken; lobt und rühmt ihn in Ewigkeit!

Die Erde preise den Herrn; sie lobe und rühme ihn in Ewigkeit.

Preist den Herrn, ihr Berge und Hügel; lobt und rühmt ihn in Ewigkeit!

Preist den Herrn, all ihr Gewächse auf Erden; lobt und rühmt ihn in Ewigkeit.

Preist den Herrn, ihr Quellen; lobt und rühmt ihn in Ewigkeit!

Preist den Herrn, ihr Meere und Flüsse: lobt und rühmt ihn in Ewigkeit!

Preist den Herrn, ihr Tiere des Meeres und alles, was sich regt im Wasser; lobt und rühmt ihn in Ewigkeit!

Preist den Herrn, all ihr Vögel am Himmel; lobt und rühmt ihn in Ewigkeit!

Preist den Herrn, all ihr Tiere, wilde und zahme; lobt und rühmt ihn in Ewigkeit!

Preist den Herrn, ihr Menschen; lobt und rühmt ihn in Ewigkeit!«

(Dan 3, 57–82)

Im Neuen Testament, das keineswegs eine Lebensbeschreibung Jesu ist, sondern neben seiner Lehre vorwiegend Leiden, Tod und Auferstehung in den Mittelpunkt stellt, finde ich keine Stellen, die mit den Anliegen des Tierschutzes direkt in Verbindung stehen. Umso mehr aber entnehme ich diesem Buch einen Geist, der diesem Anliegen indirekt entspricht. Jesu Persönlichkeit ist von Güte und Barmherzigkeit geprägt. Er ist friedfertig, er übt Erbarmen mit den sündigen und irregeleiteten Menschen. Wie könnte er dann hartherzig gegen Tiere gewesen sein, die nicht sündig noch irregeleitet sein können! Man lese nur das Gleichnis vom Guten Hirten und den Schafen oder den Spruch vom verlorenen Schaf. Der Gute Hirte ist **die** Christusdarstellung der frühchristlichen Kunst.

Wenn man die Hirtenrede der Bibel in ihren vielfachen Formen liest, dann weiß man, hier spricht ein Mensch, der in seiner Jugend die Tätigkeit des Schafhütens selbst ausgeübt hat und den Tieren mit viel Liebe nachgegangen ist. Der Evangelist Markus hebt eigens hervor, daß Jesus während seines vierzigtägigen Fastens in der Wüste *»bei den wilden Tieren lebte«* (Mk 1, 13). Sie taten ihm nichts. Er lebte mit der Natur und den Tieren in Harmonie. Tierquälereien, Forschungen an lebenden Tieren, Massentötungen von Walen, Robben und Pelztieren sind im großen und ganzen Unarten der Neuzeit. Sie entspringen dem oft hemmungslosen Forschungsdrang und dem Geldrausch, bei gleichzeitigem Verlust der Nähe zum Schöpfer und damit auch zu seiner Schöpfung. Man nennt das heute Säkularismus.

Jesus war sicher ein Tierfreund. Sagt doch der Apostel Paulus im Christushymnus des Briefes an die Kolosser: *»Denn in ihm wurde alles erschaffen im Himmel und auf Erden, das Sichtbare und das Unsichtbare … alles ist durch ihn und auf ihn hin geschaffen« (Kol. 1, 12–20). Im Brief an die Römer schreibt Paulus: »Auch die Schöpfung soll von der Sklaverei und Verlorenheit befreit werden zur Freiheit und Herrlichkeit der Kinder Gottes. Denn wir wissen, daß die gesamte Schöpfung bis zum heutigen Tag seufzt und in Geburtswehen liegt« (Röm. 8, 21, 22).* Es bedarf also keiner modernen Fälschung, um Jesus zu einem Tierfreund, Tierschützer und auch Vegetarier zu stilisieren.

In der modernen Literatur fand ich ein Buch im Angebot, das sich *»Evangelium des vollkommenen Lebens«* nennt. Es ist im Humata-Verlag in Bad Homburg erschienen. In diesem Buch wird Jesus in einer sehr blumigen und phantastischen Weise als Tierliebhaber und Vegetarier beschrieben, in der Weise apokrypher Evangelien. Diese Apokryphen wurden von der Kirche deswegen nie als kanonische, d.h. als echte, inspirierte Schriften anerkannt. Ich bin daher dieser Frage nachgegangen. So bat ich einen bedeutenden Fachexegeten (Bibelwissenschaftler) für das Neue Testament um ein Gutachten zu diesem Buch. Es ist Professor *Dr. Norbert Baumert* SJ von der Philosophisch-theologischen Hochschule St. Georgen in Frankfurt am Main. Hiermit veröffentliche ich dieses Gutachten, mit ausdrücklicher Erlaubnis des Verfassers:

Sankt Georgen, Frankfurt am Main *4.7.90*
Prof. Dr. Norbert Baumert SJ

Zum »Evangelium des vollkommenen Lebens« im Humata-Verlag, sechste Auflage, 6380 Bad Homburg, Basler Straße 2

Auf die Frage, was von dem »Evangelium des vollkommenen Lebens« zu halten sei, kann ich als Exeget nur sagen: es trägt alle Anzeichen einer modernen Fälschung.

Der »Übersetzer« GJ.R. Ouseley gibt keine belegbare Quelle für den Urtext an; zumindest wird in der deutschen Ausgabe von ihm nur die kurze Bemerkung zitiert (S. 241), es sei »aufbewahrt in einem buddhistischen Kloster Tibets, wo es von Angehörigen der Essener Gemeinde versteckt wurde, um es vor den Händen der Fälscher zu schützen. Es ist nun zum erstenmal aus dem Aramäischen übersetzt worden.« Obwohl im Anhang viele wissenschaftliche Angaben zu den Apokryphen gemacht werden, sucht man für diese Schrift vergebens nach einem Beleg. Warum hat es der Autor nicht in aramäisch veröffentlicht? Oder wo wird der Codex heute aufbewahrt? Der singuläre Fall einer Tradition in einem »Buddhistischen Kloster Tibets« ohne Namensnennung wirkt auch nicht vertrauenserweckend. Und wie will O. beweisen, daß Tradenten und Motiv für das Verstecken, die er anführt, zutreffend sind? Kurz: der große Aufwand von geschichtlichen und anderen überlieferungskritischen Daten kann nicht darüber hinwegtäuschen, daß für den vorliegenden Text keinerlei Quellen angegeben werden.

Zum Inhalt: Man sieht leicht, wie hier aus den vier kanonischen und den apokryphen Evangelien Elemente zusammengeschrieben sind (»Evangelienharmonie«). Verbindende Texte sind dann nicht mehr schwierig. Insgesamt verrät die Schrift starke gnostische Tendenzen, die heute wieder im Schwange sind. Sie entsprechen einerseits der Wundersucht des Menschen, andererseits lenken sie die Aufmerksamkeit auf Nebensächlichkeiten und Obskures und sind ein Ausweichen vor der klaren Forderung der Botschaft Jesu.

Es handelt sich also nicht nur um eine formale Fälschung, sondern auch um eine inhaltliche Verfälschung des Evangeliums.

gez. Norbert Baumert SJ

Spuren von Vegetarismus finden wir durchaus in der Bibel, vor allem in der Praxis mönchähnlicher Gemeinschaften. Dort entspringt er dem Drang religiöser Menschen nach einem Leben der Vollkommenheit durch Askese im Essen und Trinken. Aber auch bei der politischen Elite wurde der Vegetarismus in einigen Zeitabschnitten gepflegt. Sehr anschaulich ist das im ersten Kapitel des Buches Daniel ausgedrückt. Es berichtet von Ereignissen aus der Zeit des Königs Jajakim von Juda, der einen Feldzug gegen Nebukadnezar, König von Babel, verloren hatte. Als Geiseln mußte einige junge Israeliten an den Hof nach Babylon gebracht werden, *»Söhne von königlicher Abkunft oder wenigstens aus vornehmer Familie. Sie sollten frei von jedem Fehler sein, schön an Gestalt, in aller Weisheit unterrichtet und reich an*

Kenntnissen. Sie sollten einsichtig und verständig sein und geeignet, im Palast des Königs Dienst zu tun« (1, 4). Es wird u.a. noch berichtet, daß der babylonische Oberkämmerer Aschpenas, der die Oberaufsicht über die jungen Israeliten aus der Elite ihres Volkes ausübte, diese drei Jahre lang auszubilden hatte und auch für deren Kost zuständig war. Der König tat sein Bestes, indem er Speisen und Wein, beide von der königlichen Tafel, für die jungen Israeliten zur Verfügung stellte. Diesen jungen Männern gelang es, Aschpenas zu bereden, so essen zu dürfen, wie sie es zu Hause als Juden gewohnt waren. Dessen Befürchtung, sie würden dann schlechter aussehen als Geiseln aus anderen besiegten Ländern am Königshof zu Babylon, widerlegte Daniel, der Anführer der jungen Israeliten mit dem Vorschlag: *»Versuch es doch einmal zehn Tage lang mit deinen Knechten! Laß uns nur pflanzliche Nahrung zu essen und Wasser zu trinken geben! Dann vergleiche unser Aussehen mit dem der jungen Leute, die von den Speisen des Königs essen. Je nachdem, was du dann siehst, verfahre weiter mit deinen Knechten!« (1, 12, 13).* Der Oberkämmerer ging auf den Vorschlag Daniels ein, der sich der Vorteile seiner vegetarischen Eßgewohnheit sicher war. Aschpenas machte mit den ihm anvertrauten jungen Männern die zehntägige Probe. Die Erzählung endet: *»Am Ende der zehn Tage sahen sie besser und wohlgenährter aus als alle die jungen Leute, die von den Speisen des Königs aßen. Da ließ der Aufseher ihre Speisen und auch den Wein, den sie trinken sollten, beiseite und gab ihnen Pflanzenkost.« (1, 15, 16).* Dieser Bericht erzählt uns also von einem

Brauch unter der Elite der Juden, die sich von pflanzlicher Kost ernährten. Dieser Brauch wurde religiös begründet: Andernfalls hätte sie sich »unrein gemacht« (1, 8). Das Buch Daniel stammt aus der Makkabäerzeit, also der Zeit Jesu relativ nahe.

Ob Jesus als Vegetarier gelebt hat, ist aus dem Neuen Testament nicht nachzuweisen. Es spricht zwar manches dafür. So die Nähe zu Johannes dem Täufer; die Täuferjünger in seiner nächsten Gefolgschaft; seine Fähigkeit, 40 Tage lang zu fasten; seine friedfertige und liebevolle Art im Umgang mit den Menschen, vor allem mit den Armen. Es spricht aber auch manches dagegen, z.B. seine Teilnahme an den Gastmählern der Reichen, an Hochzeitsfeiern und an der Paschafeier mit dem Essen des Osterlammes. Wie zu allen Zeiten bedeutete auch damals das Vegetariersein eine gesellschaftliche Abgrenzung. Dies war Mönchen am Toten Meer, so denen in Qumran, leicht möglich, nicht aber einem Mann wie Jesus, der viel auf Wanderschaft war, der ständig unter und mit den Menschen, die nicht Vegetarier waren, lebte. Wir sollten nichts in die Bibel hineinzaubern wollen, nur weil wir es gerne unseretwegen darin sähen. Man muß sich auch in acht nehmen vor einem Herausreißen von Sätzen aus ihrem Zusammenhang oder vor einer fundamentalistischen, wortwörtlichen Auslegung der Bibel.

Ich für meine Person finde durchaus viele Anregungen Jesu zu einem »vollkommenen Leben« in seiner Lehre und in seinem Beispiel, Anregungen, die gerade so vitale Bereiche wie Essen und Trinken, Sexualität und Familie oder *»Ehelosigkeit um des*

Himmelreiches willen« (Mt 19, 12) betreffen, die es aber in ihrer Formulierung dem einzelnen überlassen, wie er diese Forderungen erfüllt, ganz seinem Charisma und Fassungsvermögen entsprechend. Dies scheint mir in besonderer Weise verdeutlicht zu sein am Hinweis Jesu von der *»Ehelosigkeit um des Himmelreiches willen«*, was wir heute Zölibat aus Berufung und aus freien Stücken nennen. Sodann auch aus den vielen Aufforderungen Jesu, ihm bedingungslos zu folgen, ohne Wenn und Aber (Mk 8, 34ff. und viele Parallelen). Selbstverständlich auch in der Bergpredigt, sowie in den Hinweisen zum Fasten (Mk 2, 18ff. u. par.). Der Apostel Jesu, von dem wir mit Abstand am meisten wissen, Paulus, hat das mit großartiger Sensibilität aufgenommen und mit noch größerer Konsequenz in seinem Leben in die Tat umgesetzt.

Über dem Leben Jesu liegt eine starke Geisterfülltheit, die uns herausfordert, uns mit seiner Person auseinanderzusetzen. Natürlich kann man einfach darüber hinwegsehen. Man kann aber auch betroffen innehalten und sich fragen: Bin ich damit gemeint? So kann ich gut verstehen, daß es zu allen Zeiten viele Christen, Jesusnachfolger, gab, die aufgrund eines biblischen Rufes, denn Gott spricht doch durch die Bibel zu uns, zu Vegetariern und, wenn die Situation es erforderte, auch zu Tierschützern wurden.

Frühchristliche Darstellung von Christus als dem »Guten Hirten«

Wir sind gefordert

Ob es im Altertum eine Tierschutzbewegung aus christlichen Motiven gab, kann ich nicht beurteilen, da fühle ich mich überfragt. Vermutlich gab es die Problemstellung, wie wir sie seit dem 19. Jahrhundert haben, vorher noch gar nicht. Es scheint mir sehr bezeichnend, daß die ältesten figürlichen und malerischen Darstellungen Jesu die vom Guten Hirten sind, der das verwundete Schaf liebevoll auf seinen Schultern trägt. Die Christen der ersten Jahrhunderte hat diese barmherzige und tierliebende Darstellung Jesu sicher besonders angesprochen.

Lebensschilderungen von Christen, besonders Heiligen, aus dem christlichen Altertum und Mittelalter berichten teils legendär, teils historisch belegbar von dem friedlichen Zusammenleben zwischen Mensch und Tier, so Hieronymus, der Kirchenvater mit dem Löwen, und Antonius, der Wüstenmönch mit vielen Tieren der Wildnis. Die Mönchsbewegung der frühen Christenheit, schon zur Zeit der Christenverfolgungen und auch danach, war mit ihrer vegetarischen Lebensweise erstaunlich weit verbreitet, in der Ost- wie auch in der Westkirche. Diese Mönchsgemeinschaften pflegten außer dem Vegetarismus noch das Fasten, vielfache Formen der Askese und die Evangelischen Räte von Armut, Keuschheit und Gehorsam als eine ihrer Auffassung von Christusnachfolge gemäße Lebensweise, auf die sie sich durch Gelübde verpflichteten.

Diese Ideale und Lebensformen hatten im Mittelalter ihre Blütezeit in einer Vielzahl von Ordensneugründungen. Ein bekannter Ordensgründer ist der *Hl. Franz von Assisi*, der eine geradezu paradiesische Nähe zu den Tieren besaß. In den Ordensgemeinschaften der katholischen und orthodoxen Kirchen, aber auch bei den Diakonissen der evangelischen Kirche und in der Bruderschaft von Taizé sind diese Ideale nicht ausgestorben, sondern leben weiter. Man möchte ihnen heute eine kräftigere Renaissance wünschen.

Hans Jürgen Schulz erwähnt in dem lesenswerten Buch *»Da Tiere eine Seele haben«* (Hrsg. Gotthard M. Teutsch) eine Vielzahl von Beispielen friedlichen Zusammenlebens von Mensch und Tier. Ich erwähne davon einige. Vom großen Kirchenlehrer Augustinus wird berichtet, er habe geäußert, lieber auf Weltruhm zu verzichten als eine Fliege zu töten. Ein irischer Mönch habe ein Tierkloster gegründet, in dem er in strenger Ordnung mit Fuchs und Dachs, Wolf und Hirschkuh und anderen Tieren gelebt habe. Der Mönch Markulf habe im Ärmel seiner Kutte einen fliehenden Hasen zum Schutz gegen eine Hundemeute verborgen, und zwar, wie es heißt, als *»Stellvertreter dessen, der Mensch und Vieh erlöst«*. *Albert Schweitzer* verdunkelte in Lambarene bei nächtlicher Arbeit seine Lampe, damit die Falter nicht an ihr verbrennen sollten. Er gründete ein eigenes Lazarett für kranke Tiere. *»Wie Kain und Abel gefragt wurde«*, lesen wir in einer Weihnachtsbetrachtung *Reinhold Schneiders*, *»so werden auch wir nach unseren Brüdern, den Tieren, gefragt werden. Wo wir das begrei-*

fen, könnte ein neues Christentum, ein umfassendes, radikales Christentum, aufbrechen, das von wenigen gelebte, noch immer unentdeckte.«

Die falsche Redewendung vom »finsteren Mittelalter« wird von so vielen Zeitgenossen gedankenlos nachgeplappert. Wenn man schon von einem finsteren Zeitalter spricht, dann wäre das im Zusammenhang mit den Entwicklungen und Ereignissen des 19. und 20. Jahrhunderts für diesen Zeitraum angebracht. Die neuzeitlichen Tendenzen in unserem Verhältnis zum eigenen Ich (Lebensweise, Essen, Trinken) und zu unseren Mitgeschöpfen (Menschen, Tiere, Natur) sind gedankenlos, ja zerstörerisch. Es wird höchste Zeit, daß wir aufwachen, umdenken und in vielen Dingen anders handeln. Wir freuen uns so auch auf jedes Wort der Verantwortlichen im Kirche und Staat zu den Anliegen Tierschutz und Vegetarismus. Ersterer wird vor allem seit den letzten 20 Jahren häufiger erwähnt. Letzterer kommt mehr indirekt zur Sprache, u.a. im Zusammenhang mit lebenskundlichen Fragen. Das ist verständlich, da Kirchenleitungen keine Empfehlungen für Eßgewohnheiten geben können. Diese Initiativen müssen von unten kommen.

Was sagen uns die Kirchenleitungen der Katholischen Kirche in Deutschland und der Evangelischen Kirche Deutschlands zu den von mir angesprochenen Anliegen? Ganz allgemein kann man sagen, daß ihre führenden Leute langsam aus der Narkose erwachen, in die wir alle durch die Fortschrittsgläubigkeit und Wissenschaftshörigkeit der Neuzeit versetzt waren. Wir sollten das dankbar zur Kenntnis nehmen, auch daß sie meistens von den evangelischen und katholischen Kirchenleitungen gemeinsam herausgebracht wurden. Ich zitiere einige Stellungnahmen, die mir zur Hand sind:

Ich zitiere aus einer Ansprache von *Kardinal Joseph Höffner*, die er 1980 auf der Vollversammlung der Deutschen Bischofskonferenz gehalten hat: *»Gott liebt seine Schöpfung. In der Heiligen Schrift lesen wir: »Du liebst alles, was ist, und verabscheust nichts von allem, was du gemacht hast: denn hättest du etwas gehaßt, so hättest du es nicht geschaffen« (Weish 11, 24). Gott wollte, wie die Heilige Hildegard sagt, »seinen Glanz weiterschenken an seine Geschöpfe«. Er »umarmt« sie; denn alles, was Gott erschaffen hat, ist mit Gott und miteinander durch geheimnisvolle Fäden verknüpft: die Menschen mit den Engeln, die ein besonders schöner »Spiegel der göttlichen Herrlichkeit« sind, die Menschen mit der materiellen Welt, die Menschen untereinander. In der Liebe zur Natur ist der Heilige Albert der Große mit der Heiligen Hildegard geistesverwandt. Wenn Albert aus seiner Kindheit erzählt, berichtet er fast stets von seinen Erlebnissen mit den Tieren: von den Hunden, mit denen er über die Felder lief, vom spannenden Kampf zwischen einem Schwan und einem Adler, von den Schwalben, denen ich »oft zugesehen habe«.*

Der Heilige Albert hat den Wolf, das Wiesel, den Iltis, die Gemse, die Ameisen und Bienen in ihren Lebensgewohnheiten liebevoll beobachtet. Er fragte die Jäger und Holzfäller nach ihren Erfahrungen mit den Tieren. Er stieg in Steinbrüche und Bergwerksstollen, um nach seltenen und schönen Steinen zu suchen. Das Schöne nannte er »splendor formae«: Das Eigentliche, das Wesentliche, die je eigene Weise des Seins leuchtet in dem der stofflichen Welt entnommenen Kunstwerk auf. Die ganze Schöpfung, so sagt Augustinus, ruft aus: Gott hat uns erschaffen! *»Fragend schaute ich aufmerksamer hin, und die Antwort war ihre Schönheit«.* Gott liebt seine Schöpfung so sehr, schreibt der Heilige Athanasius, daß er gleichsam *»mit dem Kosmos wie mit einer Lyra spielt«.*

Die sichtbare Schöpfung ist reich an Bildern und Symbolen, die von Gottes Größe und Schönheit künden. Berühmt sind die Verse des Alanus von Lille (1120–1202): *»Omnis mundi creatura quasi liber et pictura, nobis est in speculum«:* Jedes Geschöpf der Welt ist für uns gleichsam ein Buch, ein Bild, ein Spiegel. Die Symbole der christlichen Heilsgeheimnisse sind der sichtbaren Schöpfung entnommen: das Brot, der Wein, das Öl, das lebendige Wasser, der Weinstock, die Reben, das Lamm. Das Ziel jedoch, dem die Menschheit und die gesamte Schöpfung zustreben, heißt Jesus Christus. *»Alles ist durch ihn und auf ihn hin geschaffen« (Kol. 16). »In ihm hat alles Bestand« (Kol. 17). Mit ihm fängt alles an, denn er ist der Uranfang, das Alpha. Zugleich ist er das Ur-Ende, das Omega. Der göttliche Vater wollte »alles im Himmel und auf Erden zu Christus führen, der Friede gestiftet hat am Kreuz durch sein Blut« (Kol. 20).*

Die Antwort der Schöpfung ist Dank und Lobpreis. *»Preist den Herrn, all ihr Werke des Herrn, lobt und rühmt ihn in Ewigkeit ... Preist den Herrn, all ihr Gewächse auf Erden ..., ihr Quellen ..., all ihr*

Vögel am Himmel ..., all ihr Tiere, wilde und zahme; lobt und rühmt ihn in Ewigkeit!« (Dan 3, 57–81). Franz von Assisi hat dieses Loblied im Sonnengesang aufgegriffen: *»Sei gelobt, mein Herr, mit all deinen Kreaturen, sonderlich mit der hohen Frau, unserer Schwester, der Sonne ..., für die Schwester Quelle ..., für Bruder Feuer ..., sei gelobt, mein Herr, durch unsere Schwester, die Mutter Erde, die uns versorgt und nährt und zeitigt allerlei Früchte und farbige Blumen und Gras.«*

Die Botschaft des christlichen Glaubens von der Größe und Schönheit der Schöpfung zeigt, wie unhaltbar der Vorwurf ist, das Christentum habe die sichtbare Schöpfung von der Gemeinschaft mit Gott und mit den Menschen ausgeschlossen.

Aus demselben Jahr stammt eine *»Erklärung der Deutschen Bischofskonferenz zu Fragen der Umwelt und der Energieversorgung«*. Darin steht zum Thema *»Der Mensch, Beherrscher und Behüter«*, gemeint ist die Schöpfung: *»Die Bibel beginnt mit zwei Schöpfungsberichten. Beide bringen das Verhältnis zwischen den Menschen und der übrigen Schöpfung zur Sprache. Im ersten Schöpfungsbericht sagt Gott zu den ersten Menschen: »Seid fruchtbar und vermehrt euch, bevölkert die Erde, unterwerft sie euch und herrscht über die Fische des Meeres, über die Vögel des Himmels und über alle Tiere, die sich auf dem Land regen« (Gen. 1, 28). Die herrscherliche Erhabenheit Gottes spiegelt sich im Menschen, der als Ebenbild und Statthalter Gottes die Schöpfung beherrschen und sich dienstbar machen soll. Im zweiten Schöpfungsbericht ist der ursprüngliche Le-*

bensraum des Menschen der Garten, »damit er ihn bebaue und hüte« (Gen. 2, 15). Beherrschen und behüten sind die zwei unterschiedlichen Grundworte der beiden Berichte.

Die biblischen Religionen, Judentum und Christentum, entzaubern durch den Schöpfungsglauben eine Natur, die als unbezähmbare Übermacht den Menschen bannt, ängstigt, fasziniert. Der Mensch wird freigesetzt zu einem nüchternen, wir dürfen sagen rationalen Umgang mit den Dingen. Aber rationaler Umgang ist nicht Beliebigkeit, erst recht nicht Zerstörung. Was der Mensch zerstört, kann er nicht beherrschen, als Gottes Ebenbild hat er Maß zu nehmen am Urbild; dann aber heißt Beherrschen liebende Sorge, hegendes Wahren. Im biblischen Verständnis schließt das Beherrschen die Verantwortung für die Beherrschten mit ein. Dies gilt auch und gerade für das Verhältnis des Menschen zu seinen Mitgeschöpfen (vgl. Ps. 8).

Der Mensch geht nicht auf in seiner Funktion, die Erde zu bearbeiten und die Welt zu gestalten; ebenso geht die Welt nicht darin auf, Material und Rohstoff für den Menschen zu sein. Beherrschen und Behüten sind also keine Gegensätze, sondern ergänzen sich. Die Geschöpfe haben ihren Eigenwert, sie sind voneinander abhängig, füreinander wichtig (vgl. Ps. 104). Nichtsdestoweniger könnte man ihre Bedeutung für den Menschen in die Formel fassen: Die anderen Geschöpfe sind f ü r den Menschen da, aber der Mensch ist nur m i t ihnen da.«

1985 erschien eine »*Gemeinsame Erklärung des Rates der Evangelischen Kirche in Deutschland und der Deutschen Bischofskonferenz«* unter dem Titel *»Verantwortung wahrnehmen für die Schöpfung.«* Darin steht über das Verhältnis des Menschen zu seinen Mitgeschöpfen:

»Die von Gott gewollte Erhaltungsordnung nach der Sintflut schränkt das hinfort zugestandene Nutzen, Ausbeuten und Töten tierischer Wesen durch den Menschen mit einem gewichtigen rituellen Vorbehalt ein: »Allein esset das Fleisch nicht mit seinem Blut, in dem sein Leben ist!« (Genesis 9, 4).

Dem alttestamentlichen Menschen gilt das Bluttabu als das Zeichen eines letzten Respekts vor der Verfügungsgewalt Gottes über die Tiere. Grundsätzlich ist dadurch das Tier mehr als eine Sache. Dem Tier eignet durch das von Gott gegebene Leben ein Eigenwert vor Gott, den der Mensch zu respektieren hat.

Der eigene Rang tierischen Daseins macht erst begreiflich, daß im alttestamentlichen Sühneritual u.U. tierisches Leben stellvertretend für das Menschliche vor Gott in den Tod geschickt werden kann (Levitikus 17, 11). Hieran wird zugleich erkennbar, daß es eine Rangordnung des Lebens gibt, die das menschliche Dasein über jedes tierische stellt.

Daraus ergibt sich selbstverständlich, daß das Verhältnis des Menschen zum Tier ethisch zu bestimmen ist: *»Der Gerechte erbarmt sich seines Viehs, aber das Herz der Gottlosen ist grausam (Sprichwörter 12, 10).«* Das alttestamentliche Gesetz stellt deshalb auch das Verhältnis zu Tieren und Pflanzen unter gewisse göttliche Sanktionen (Levitikus 19, 19.23; Deuteronomium 22, 6f und öfters). Tierquälerei ist für die biblischen Autoren ein religiöses Vergehen.

Zwischen dem Eigentümer und seinem Tier waltet eine Art Gemeinschaftsbezug. Das Tier ist mehr als nur ein Objekt zur Verwertung seines Fleisches, sein Wert geht über die bloße Nützlichkeit seiner Leistung hinaus.

Die christliche Ethik wird sich nicht auf menschliches Leben allein beziehen können, sondern muß tierisches und pflanzliches Leben, ja auch die leblose Natur mit einbeziehen.

Die Welt ist in Gottes Augen nicht nur deshalb *»sehr gut«* (Genesis 1,31), weil sie dem Menschen Nahrung und Behausung gibt. Sie soll ihm überdies den überwältigenden Eindruck einer Schönheit vermitteln, welche die Herrlichkeit Gottes und das geheimnisvolle Wirken seines Geistes widerspiegelt.

Nach dem ersten Schöpfungsbericht dienen Sonne, Mond und Sterne dazu, den Zeitablauf der Schöpfung Gottes zu regeln. Nicht nur die Himmel rühmen die Herrlichkeit Gottes (Psalm 19), sondern auch Bäche und Flur, wilde und zahme Tiere leiten den Betrachter zu dem Bekenntnis: *»Herr, wie zahlreich sind deine Werke! Mit Weisheit hast du sie alle gemacht, die Erde ist voll von deinen Geschöpfen« (Psalm 104, 24).* Damit wird die Natur nicht als gleichrangige Offenbarungsquelle neben das Christusgeschehen gestellt, wohl aber eine Verbundenheit Gottes mit seiner Schöpfung vor Augen gestellt, die zu einem staunenden Umgang des Menschen mit der Natur führen und ihn auf ihren Schöpfer hin öffnen soll.

Die neutestamentliche Christusbotschaft greift die alttestamentlichen Aussagen über die Verbundenheit des Menschen mit allem Lebendigen auf und gibt ihnen vom Christusereignis her eine endzeitliche Zielsetzung. In den Zeichen und Wundern Jesu wird deutlich, zu welcher Herrlichkeit die Schöpfung berufen ist. Jesu Kreuz ist Erweis des Leidens in dieser Welt und schafft damit auch die Bereitschaft für die Christen, das Kreuz auf sich zu nehmen. Die Hoffnung der Auferstehung schafft eine Hoffnung für diese Welt; in der ist die nichtmenschliche Kreatur mit einbezogen.

Auf diese universelle Hoffnung verweisen auch apostolische Briefe .Die Erlösungstat Jesu Christi erstreckt sich nicht nur auf den Menschen, sondern auf alle Kreatur. Jesus Christus – so heißt es im Christushymnus des Kolosserbriefes (Kolosser 1,15–20; ähnl. Epheser 1,3-14) – *ist das Ebenbild des unsichtbaren Gottes, der Erstgeborene der ganzen Schöpfung … Alles im Himmel und auf Erden wollte er zu Christus führen, der Friede gestiftet hat am Kreuz durch sein Blut.*« Durch Jesus Christus ist die Heilung der Schöpfung und ihre Rückführung zu Gott unwiderruflich in Gang gekommen. Dieser Prozeß nimmt zumal die Christen in die Pflicht. Das Ziel der Wege Gottes ist nicht nur die Erneuerung der Menschheit, sondern auch die Erneuerung der ganzen Schöpfung.

Sehr ausgewogen ist die Gemeinsame Erklärung der Christlichen Kirchen in Deutschland mit dem Titel: *»Gott ist ein Freund des Lebens«* aus dem Jahr 1989. Dort steht unter dem Zwischentitel *»Der Eigenwert der Mitgeschöpfe des Menschen«*:

»Die Mitgeschöpfe des Menschen dürfen nicht nur und nicht zuerst unter dem Gesichtspunkt des für ihn

gegebenen Nutzwerts betrachtet werden. Zwar ist der Mensch legitimiert, pflanzliches und tierisches Leben zu seiner Ernährung, seiner Versorgung und seiner Freude zu gebrauchen und zu verbrauchen. Die Mitgeschöpfe gehen aber in ihrem Nutzwert für den Menschen nicht auf. Die Blume ist nicht allein dazu da, damit der Mensch sich an ihr freut; das Huhn ist keine bloße Eierlegemaschine zur Bereitstellung menschlicher Nahrung; viele Pflanzen und Tiere haben überhaupt keinen erkennbaren und benennbaren unmittelbaren Nutzen für den Menschen. Das pflanzliche und tierische Leben samt den niederen Formen des Lebens hat zunächst einen Nutzwert für andere Lebewesen neben dem Menschen und für den Lebensprozeß insgesamt; schon dies legt dem Menschen bei seinem Umgang mit der Natur Rücksichten auf; er darf sich nicht nur an seinen eigenen Interessen ausrichten, sondern muß die möglichen Auswirkungen auf die Lebensmöglichkeiten anderen Lebens mitbedenken. Vor allem aber haben die Mitgeschöpfe des Menschen unabhängig von ihrem Nutzwert einen Eigenwert, nämlich darin, daß sie auf Gott als den Schöpfer bezogen sind, an seinem Leben Anteil haben und zu seinem Lob bestimmt sind. Einen eigenen Wert und Sinn zu haben bedeutet nicht, daß jedes individuelle Lebewesen oder jede Art erhalten werden müssen. Aber wo der Gedanke des Eigenwert Anerkennung findet, kann er als Begrenzung und Korrektur dienen gegenüber einer Haltung, der das außermenschliche Leben nichts als Material und Verfügungsmasse in der Hand des Menschen darstellt.

Die Frage des Eigenwertes der Mitgeschöpfe des Menschen spielt auch in die aktuelle Diskussion um die Verankerung des Umweltschutzes im Grundgesetz hinein. Die evangelische und die katholische Kirche haben sich dafür ausgesprochen, in der Formulierung eines Staatsziels Umweltschutz nicht auf die natürlichen Lebensgrundlagen des Menschen abzustellen, sondern aus Verantwortung für die Schöpfung umfassender vom Schutz der natürlichen Grundlagen des Lebens oder vom Schutz der Natur und Umwelt zu sprechen. Die Kirchen erneuern und unterstreichen ihr Votum an dieser Stelle. Denn jede den Eigenwert des außermenschlichen Lebens nicht berücksichtigende Formulierung des Staatsziels würde in der Zukunft geradezu als Vorwand dienen können, Eingriffe zu legitimieren, die im Interesse des Menschen und der Wahrung seiner Rechte jeweils für erforderlich gehalten werden, die Schöpfungswelt als ganze in ihrer lebensnotwendigen Vielfalt aber bedrohen. Es ist abwegig, aus dem Standpunkt der Kirchen bzw. den in die gleiche Richtung gehenden Vorschlägen einen Schutzanspruch für jedes einzelne Lebewesen herauszulesen; geschützt werden sollen die Lebensmöglichkeiten für die notwendige Vielfalt von Lebewesen. Bei jeder umweltpolitisch relevanten Entscheidung ist abzuwägen zwischen dem Nutzungsinteresse des Menschen und dem Eigenwert des betroffenen außermenschlichen Lebens; gerade auf die Nötigung zu dieser Abwägung kommt es an.«

Die Kirchenleitungen beginnen also, sich von der theologischen und ethischen Seite her mit den Problemen Umweltschutz und Tierschutz zu beschäftigen. An uns liegt es, die Anregungen aufzugreifen, weiterzugeben und neue anzustoßen. Was die vegetarische Lebensweise betrifft, so müssen wir mit gutem Beispiel vorangehen, wie bei so vielen Dingen in der Welt.

Was sagen unsere Politiker? Zugegebenermaßen, sie haben es sehr schwer, denn sie müssen sich gegen eine millionenschwere Lobby aus Industrie (vor allem Chemische Industrie und Nahrungsmittelindustrie) und Forschung durchsetzen. *Theodor Heuss* meinte einmal: *»Eine der blamabelsten Angelegenheiten ist es, daß das Wort »Tierschutz« überhaupt geschaffen werden mußte.«* Heute ist es wenigstens in aller Munde, wenn auch keineswegs alle dafür sind. Es sind jedoch Fortschritte zu verzeichnen. Ich denke da an die Neufassung des Tierschutzgesetzes vom 18. August 1986. Das Gesetz gilt auf Bundesebene. Die wichtigste Neuerung ist die, daß Tiere nicht mehr als Sache (res), sondern als Mitgeschöpfe (§ 1) bezeichnet und geschützt werden. Die Tierschutzbewegung wünscht sich noch viele Verbesserungen an diesem Tierschutzgesetz.

Wir stehen in Sachen Tierschutz und Vegetarismus, letzteres als eine mögliche alternative Lebensform, noch am Anfang. Doch es ist zu erwarten, daß sie zu einer breiten Bewegung werden. Sie sind ein Teil jenes *»Konziliaren Prozesses für Frieden, Gerechtigkeit und Bewahrung der Schöpfung«*, der von den christlichen Kirchen ausgeht und immer mehr weltweite Dimensionen annimmt. Ich bin optimistisch, daß dieser Konziliare Prozeß nicht mehr zu bremsen sein wird. Unser Überleben hängt davon ab.

Ich bin ebenso optimistisch, was den Tierschutz und Vegetarismus betrifft. Es liegen allerdings viele Steine auf dem Weg, die noch weggeräumt werden müssen. Werden Phlegma und Profitdenken verhindern, daß diese Bewegungen schnell genug vorankommen? Wir brauchen viele Menschen, die im Tierschutz energisch und opferwillig vorangehen und im Vegetarismus einen alternativen und besseren Lebensstil aufzeigen. Wir brauchen Pioniere, aber auch viele Gruppen von Gleichgesinnten, die die Zeichen der Zeit erkennen und willens genug sind, daraus Konsequenzen zu ziehen. Man muß von »denen da oben« viel verlangen, aber nicht alles erhoffen. Neue Bewegungen kommen fast immer von unten. Wir müssen auch mit Druck nachhelfen, mit Druck auf politische, wirtschaftliche und kirchliche Stellen, vor allem aber auf die bequeme Klasse von Menschen, die alles am liebsten so weiter beließen, wie es eh und je war.

Damit schließe ich dieses kleine Buch, das ich geschrieben habe, um meine Freunde im Tierschutz in unserem gemeinsamen Anliegen zu stärken. Dasselbe gilt für alle Weggenossen, die sich in ihrer Ernährung und sonstigen Lebensweise um einen einfacheren und gesünderen Lebensstil mühen, sei es als Sonnenköstler oder Vegetarier oder als Menschen, die beides miteinander verbinden als Beitrag zum Konziliaren Prozeß für Frieden, Gerechtigkeit und Bewahrung der Schöpfung.

Anhang

Auf biblischer Spurensuche

Dieser Vortrag wurde vom Verfasser anläßlich des Gesundheitskongresses der Gesellschaft für Lebenskunde im Hamburger Kongreßzentrum am 4. Mai 1991 gehalten.

Dieser Vortrag beschränkt sich auf Spuren vegetarischer Lebensweise in der Bibel. Trotz aller Affinität schließt er das Fasten aus. Im Gegensatz zum Vegetarismus wird nämlich das Fasten in der Bibel so häufig erwähnt, daß man darüber einen eigenen Vortrag halten müßte. Über das Fasten in der Bibel, im Judentum und Christentum gibt es eine reichhaltige Literatur; nicht dagegen über die vegetarische Lebensweise. Mir begegnete nur eine sehr knappe Veröffentlichung von *Eduard Baltzer* mit dem Titel *»Vegetarianismus in der Bibel«* aus dem Jahre 1886, der ich manche Anregungen entnahm. Die Bibelzitate sind der Einheitsübersetzung der evangelischen und katholischen Kirche des deutschen Sprachraums entnommen.

Die Bibel ist das Buch, das für viele Menschen, besonders für Juden und Christen, eine herausragende Bedeutung hat. Sie entdecken in ihm Gottes Botschaft an die Menschen; aufgenommen, niedergeschrieben und weitergegeben durch Menschen an Menschen. So liegt es nahe, daß Menschen, die feste Vorstellungen vom eigenen Leben haben, aber auch von der Lebensart überhaupt, wie z.B. die Vegetarier, unter ihnen auch die Sonnenköstler, interessiert sind, ob sich ihre Lebensweise mit der Lehre der Bibel vereinbaren läßt, ja noch mehr: Ob sie daraus Anregungen für ihre veganische Ernährung schöpfen können.

Da ich Theologe und gleichzeitig Sonnenköstler bin, mich veganisch ernähre und stark zur konsequenten Rohkost tendiere, so war und bin ich natürlich besonders interessiert, in der Bibel Hinweise auf den Vegetarismus zu finden. Ich bin mir der Schwierigkeit dieser Aufgabe bewußt. Die Bibel ist weder als Geschichtsbuch, noch als Schrift für Völkerkunde, erst recht nicht als Lexikon und Nachschlagewerk oder gar Kochbuch geschrieben worden, sondern als Offenbarungsbuch. Gott offenbart sich den Menschen, die sich für ihn öffnen. Aussagen über Eßgewohnheiten werden in der Bibel, Altes und Neues Testament, fast immer nur zufällig gemacht. Sie sind auch von der persönlichen Einstellung des Verfassers, späterer Redaktoren und Korrektoren abhängig. Sie alle haben das, was ihnen akzeptabel schien oder gefiel, übernommen oder weggelassen. Sie geben auch die Auffassung ihrer Zeit wieder, in der sie lebten; nicht ohne weiteres jener, in der sich die oft weit zurückliegenden Ereignisse, die sie schildern, abgespielt haben. Dazu müssen wir uns vor einer fundamentalistischen Bibelauslegung hüten, die die vielen Stilformen im Alten und Neuen Testament unbeachtet läßt. Trotz allem gibt es für die fleischlose Ernährung in der Bibel durchaus Spuren, vor allem was die Urgeschichte (Buch Genesis), das Babylonische Exil und die nachexilische Zeit (Buch Daniel) und was die Zeit Jesu (N. T.) betrifft.

Die sogenannte Urgeschichte wurde in Gen. 1–11 festgehalten. An diesen Kapiteln haben verschiedene Verfasser gearbeitet, u.a. der Jahwist (so genannt wegen seines Gebrauches Jahwe für den Gottesnamen), er schrieb um 900 v. Chr.; der Elohist (wegen seines Gebrauches Elohim für den Gottesnamen), er schrieb um 720 v. Chr.; der oder die Verfasser der Priesterschrift (so genannt wegen ihrer Vorliebe für gottesdienstliche Weisungen). Letztere entstand um 550 v. Chr. im babylonischen Exil.

Die biblische Urgeschichte beginnt mit dem Elohistischen Schöpfungsbericht (Gen. 1,1–2,4). Der Mensch wird als Früchteesser geschildert. Es heißt: *»Dann sprach Gott: Hiermit übergebe ich euch alle Pflanzen auf der ganzen Erde, die Samen tragen, und alle Bäume mit samenhaltigen Früchten. Euch sollen sie zur Nahrung dienen« (1,29).* Im folgenden Vers werden die Tiere erwähnt, denen grüne Pflanzen als Nahrung zugewiesen werden. Der Mensch also als Früchteesser (Getreide und Obst), die Tiere als Grasfresser. Vom Fleisch als Nahrung ist nicht die Rede. Offensichtlich nahm man z. Z. der Abfassung dieses Berichtes und auch seiner kanonischen Anerkennung daran keinen Anstoß. Sonst hätte man diese Passagen geändert oder ganz entfernt.

Auch der Jahwistische Schöpfungsbericht (Gen. 2,4b - 25), der ältere übrigens, erwähnt nur Früchte als die von Gott für die Menschen vorgesehene Nahrung im Garten Eden. Es heißt: *»Dann gebot Gott, der Herr, dem Menschen: Von allen Bäumen des*

Gartens darfst du essen, doch vom Baum der Erkenntnis von Gut und Böse darfst du nicht essen; denn sobald du davon ißt, wirst du sterben« (2, 16. 17). Dieses Essen von der verbotenen Frucht wird dann im Kapitel 3 geschildert, im sogenannten Sündenfallbericht. Bestand der Sündenfall vielleicht in einem Vergehen gegen den vegetarischen Brauch, oder wurde zumindest dadurch ausgelöst? Wie selbstverständlich jedenfalls wird bei der Vertreibung aus dem Paradies die Anordnung Gottes erwähnt: *»Die Pflanzen des Feldes mußt du essen. Im Schweiße deines Angesichts sollst du dein Brot essen« (3, 18. 19).* Es bleibt auch nach dem Sündenfall gemäß dem Willen Gottes bei der veganischen Ernährung, wenn auch das Leben allgemein schwerer wird.

Eine dramatische Wende tritt mit dem Mord Kains an seinem Bruder Abel ein (Gen. 4, 1–16). Hier wird erstmalig erwähnt, daß ein Mensch – es ist Abel – ein Tier tötet, allerdings nicht um es zu essen, sondern um es als Erstlingsgabe Gott zu opfern. Darunter verstand man die Verbrennung des gesamten Opfertieres, den sogenannten Holocaust. Das Tiermorden hatte das Menschenmorden – Abel ist das Opfer – zur Folge. *»Als sie auf dem Felde waren, griff Kain seinen Bruder Abel an und erschlug ihn« (4,8).*

Obwohl die Menschen seitdem durch den Menschen- und Tiermord besudelt waren, schienen sie Früchteesser geblieben zu sein. Erstaunlich ist die in Gen. 5 häufig erwähnte hohe Lebenserwartung der Urväter, die teilweise über 900 Jahre alt wurden. Wenn wir auch mit den Zahlenangaben vorsichtig sein müssen, denn sie stammen aus der jüngsten Pentateuchschicht (Pentateuch = die 5 Bücher Mose), in der oft mit symbolischen Zahlenwerten gearbeitet wird, so ist doch der Gedanke erlaubt: Wußte man bei der Abfassung dieses Kapitels noch aus der Überlieferung oder gar aus eigener Erfahrung, daß vegetarische Ernährung bessere Gesundheit und damit auch längeres Leben verleiht? Vielleicht.

Die entscheidende Umstellung in den Eßgewohnheiten der Menschen deutet Gen. 9,2 – 7 an. Da geht es um den Segen Gottes für Noach und seine Söhne. Die Gewohnheit des Fleischessens wird bei den Menschen sanktioniert *»Alles Lebendige, das sich regt, soll euch zur Nahrung dienen. Alles übergebe ich euch wie die grünen Pflanzen (9,3).* Hier beginnt die Schreckensherrschaft des Menschen über die Tiere: *»Furcht und Schrecken vor euch soll sich auf alle Tiere der Erde legen, auf alle Vögel des Himmels, auf alles, was sich auf der Erde regt, und auf alle Fische des Meeres; euch sind sie übergeben« (9,2).* Bisher war es nur ein Herrschen des Menschen über die Tiere gewesen, aufgrund seiner Intelligenz, aber ohne Furcht und Schrecken für die Tiere. Hier wird wohl der Beginn des Allesessens beim Menschen markiert, und das im Namen Gottes.

Es wird allerdings eine Einschränkung gemacht: Kein Blut! *»Nur Fleisch, in dem noch Blut ist, dürft ihr nicht essen« (9,4).* Gemeint ist: Kein rohes Fleisch, das Verschlingen frischen Fleisches eben gerissener Tiere (wie es später bei den griechischen Bacchanalien üblich wurde), vor allem aber nie Blut, weil es der Sitz des Lebens ist. Mit und nach Noach tritt ein Zerfall des bisherigen Zustandes ein. Sogar der Menschenmord wird im Fall der Blutrache sanktioniert (9,5). Diese wird sogar bei Tieren angewandt. Vorher waren die Menschen in den Augen der Göttersöhne (das sind die Bewohner des Himmels) »schön« (6,2). Jetzt schien Gott zu resignieren: *»Das Trachten des Menschen ist böse von Jugend an« (8, 21).* Die Folgen für den Menschen liegen auf der Hand: Der Allesesser Noach verfällt dem Genuß des Alkohols; sein Sohn Ham leistet der Blutschande und Sklaverei Vorschub (9, 20–27). Es wird von jetzt an immer schlimmer: Nimrod, ein großer Jäger, begründet die Gewaltherrschaft in Babylonien (Gen. 10, 8–12).

Mir scheint eine erste Wende zum Guten mit Abraham eingetreten zu sein. Dem dient der Bericht von Abraham und seinem Opfer (Gen. 22, 1-19). Wollte Gott den Abraham mit dem Opfer Isaaks auf die Probe stellen, so was wie die Nagelprobe eines Glaubensgehorsams? So wird die Erzählung oft gedeutet. Ich sehe sie anders, nämlich so: Abraham stammte aus dem fernen Land, aus Chaldäa. Im Gehorsam gegenüber Gott war er nach Kanaan gezogen. Dort wohnten die Kanaanäer, bei denen nachgewiesenermaßen Menschenopfer üblich waren. Die Menschen taten dies, weil sie den Zorn der Götter fürchteten, den sie durch Opfer ihres Erstgeborenen besänftigen wollten. Mit diesem heidnischen Brauch und scheinreligiösen Argument mußte sich Abraham auseinandersetzen. Er scheint sogar dem Gedanken an Menschenopfer vorübergehend angehangen zu haben. In Gen. 22 wird dann geschildert, wie er diesem Brauch endgültig absagte und sich statt der Menschenopfer für Tieropfer entschied. Dann ist mit dem Kap. 22 die fundamentale Wende von den archaischen Menschenopfern zu den Tieropfern festgehalten worden. Dies war ohne Zweifel ein bedeutender Schritt in der Geschichte der Religionen, wenn auch noch keineswegs der letzte. Mit den Tieropfern waren die Opfermahlzeiten verbunden, die bei den Juden von nun an Brauch wurden.

Die Darstellungen des Buches Exodus (2 Mose) enthalten die gleichen literarischen Schichten wie das Buch Genesis. In der Schilderung des Wüstenaufenthaltes (Ex 16 ff.) erscheint das Fleischessen (Wachteln) nur eine Konzession an die Schwäche der Juden. Nach dem großen Murren – wegen Ausbleibens der von Ägypten her gewohnten Fleischnahrung – gewährte ihnen Gott das Essen der Wachteln, so viel, bis es sie ekelte. Im Buche Numeri (4 Mose) wird geschildert, wie dasselbe Volk gegen Mose jammerte, weil es kein Fleisch zu essen bekam (11,4). Daraufhin befahl Gott dem Mose: *»Zum Volk aber sollst du sagen: Heiligt euch für morgen, dann werdet ihr Fleisch zu essen haben. Denn ihr habt dem Herrn die Ohren vollgeweint und gesagt: Wenn uns doch jemand Fleisch zu essen gäbe! In Ägypten ging es uns gut. Der Herr wird euch Fleisch zu essen geben. Nicht nur einen Tag werdet ihr es essen …, sondern Monate lang, bis es euch zum Hals heraushängt und ihr davor ekelt« (Num. 11, 18-20)*. Die Wachteln kamen, die Menschen aßen sie bis zum Überdruß. Ein Teil des Volkes starb an dem ertrotzten Fleischgenuß (11, 31-34). Den Ort, an dem man die Toten begrub, nannten sie »Giergräber«, weil die Toten von der Gier nach dem Fleisch gepackt worden waren.

Bei den Propheten begegnet uns unser Anliegen nur sehr selten. Hosea, der seine Tätigkeit 750 v. Chr. aufnahm, tadelte sein Volk folgendermaßen: *»Ich kann ihnen noch so viele Gesetze aufschreiben, sie gelten ihnen so wenig wie die eines Fremden. Schlachtopfer lieben sie, sie opfern Fleisch und essen davon; der Herr aber hat kein Gefallen an ihnen. Jetzt denkt er an ihre Schuld und straft sie für ihre Sünden (Hos. 8, 12. 13).*

Im letzten Kapitel des Buches Jesaja (Jes. 66) wird die Endzeit als Schreckensherrschaft geschildert: *»Man opfert Rinder – und erschlägt Menschen; man opfert Schafe – und erwürgt Hunde; man bringt Speiseopfer dar – und auch Schweineblut …«* Nach der Meinung des Tritojesaja haben die Menschen versagt. Gott wird »einen neuen Himmel und eine neue Erde« erschaffen. Dieser Text richtet sich ursprünglich an die Heimgekehrten aus dem babylonischen Exil.

Mit dem Tritojesaja sind wir bereits an den Schriften angelangt, die in der 2. Hälfte des Jahrtausends vor Christi Geburt aufgeschrieben wurden. Eine interessante Momentaufnahme dieser Zeit gibt uns das Buch Daniel, das in der Makkabäerzeit (2. Jht. v. Chr.) entstanden ist. Dort wird im 1. Kapitel eine aussagestarke Geschichte von Daniel und seinen Freunden Hananja, Mischael und Asarja geschildert. Die Erzählung wird zurückverlegt in die Zeit des babylonischen Exils, soll aber die Menschen aus der Zeit der Abfassung dieses Buches im Bekennen der jüdischen Religion und ihrer Gewohnheiten bestärken. Diese Begebenheit ist eine Art Heldensage jüdischen Bekennermuts unter Heiden.

Johannes der Täufer, den Jesus ganz besonders schätzte, wurde vor seiner Geburt bereits zum Nasiräer bestimmt: *»Wein und andere berauschende Getränke wird er nicht trinken«* (Lk 1,15). Das Nasiräatsgelübde wird bereits im Buch Numeri (5 Mose) in 6, 1-21 bezeugt: Samson und Samuel waren Nasiräer. Wie bei Markus 1, 4-6 berichtet wird, lebte der Täufer vorbildlich als Nasiräer. Er trug ein Gewand aus Kamelhaaren. Es wurde von einem Ledergürtel gehalten. In der Wüste lebte er von Heuschrecken (Nahrung der Allerärmsten; aus Not) und wildem Honig.

Auch Jakobus der Gerechte, der in Mk. 6,3 erwähnt wird, war ein Nasiräer. Er war ein naher Verwandter Jesu, der »Bruder« des Herrn, eine hoch angesehene Persönlichkeit in der Urkirche, der Verfasser des Kanonischen Jakobusbriefes. Bei Eusebius lesen wir über ihn: *»Er war aber vom Mutterleib an Gott geweiht. Wein und starke Getränke trank er nicht. Vom Tier aß er nichts. Ein Schermesser kam nie auf sein Haupt. Mit Öl salbte er sich nicht. Bäder (gemeint sind die Luxusbäder der Römer und Griechen) brauchte er nicht« (Eusb. 2, 23, 3)*. Jakobus war also Vegetarier. Paulus nennt ihn »eine Säule der Kirche« (Gal. 2, 9). Nach Epiphanius soll er 96 Jahre alt geworden sein.

Auch der Apostel Paulus war ein Nasiräer (Apg. 18, 18 und 22, 3). Er hatte noch einen weiteren Schritt getan: Er lebte zölibatär (freiwillige Ehelosigkeit), wie viele vor ihm: Die altägyptischen Priester, die Essener, Johannes der Täufer und Jesus Christus. Paulus scheint von einer robusten Gesundheit gewesen zu sein, die ihm ein solches Arbeitspensum erlaubte. Bei seinen weiten Missionsreisen scheint er fast immer zu Fuß gegangen zu sein.

Neben den Nasiräern, die mehr als Einzelpersönlichkeiten lebten und hoch geschätzt wurden, gab es noch die Essener, die in Mönchsgemeinschaften lebten. Über sie wissen wir vieles durch den jüdischen Geschichtsschreiber Flavius Josephus, der als junger Mann drei Jahre unter ihnen verweilt hatte. Er lobt an ihnen u.a.: Das sehr einfache Leben; die Gütergemeinschaft; die Beherrschung der Leidenschaften; das ehelose Leben; die vegetarische Lebensweise; den Gehorsam gegenüber den Oberen; die Liebe untereinander. Ihre bekannteste Niederlassung war in Qumran am Toten Meer.

Jesus Christus können wir weder den Nasiräern noch den Essenern zurechnen, obwohl er manches mit ihnen gemein hatte. So trug sein ganzes Leben den Zug der Einfachheit, ja Armut. Er wurde bereits in einem einfachen Elternhaus erzogen. Später lebte er zeitweise in der Wüste, also unter äußerst schweren Lebensbedingungen. Ähnlich schwer waren seine Wanderjahre während seiner öffentlichen Wirksamkeit. Von sich sagte er: *»Die Füchse haben ihre Höhlen und die Vögel ihre Nester; der Menschensohn aber hat keinen Ort, wo er sein Haupt hinlegen kann« (Mtr. 8, 20).* Im Kontrast dazu stehen seine Teilnahmen an Gastmählern von Reichen, worüber gewisse Leute sich aufregten (Mt. 11, 16-19).

Jesus lebte ehelos und fastete, wenn er es für angebracht hielt. Und doch war er kein Nasiräer, kein Essener. Irgendwie stand er darüber, war unabhängig von Schulen und Richtungen des geistlichen Lebens, blieb frei für alle Menschen. Wir können ihn nicht als Kronzeugen für unsere vegetarische Lebensweise benennen. Das ist auch nicht nötig. Die Schar der Zeugen und Zeugnisse aus Altem und Neuem Testament und aus der darauffolgenden christlichen Tradition ist groß genug und so eindringlich, die eigenen Erfahrungen an Leib und Seele sind so überzeugend, daß wir uns bei dieser biblischen Spurensuche auf unserem eingeschlagenen Weg bestärkt fühlen und auch in bester Gesellschaft wissen.

Der Pfarrer muß Hasso halten, während Frauchen ihr Statement abgibt.

Ökumenischer Segnungsgottesdienst für Menschen und Tiere

Diese Predigt wurde vom Verfasser anläßlich eines Segnungsgottesdienstes für Menschen und Tiere am 9. Mai 1991 in der Kirche zur Heiligen Familie in Wiesbaden gehalten.

Wiesbaden, Kirche zur Hl. Familie, 9. Mai 1991

Dieser Segnungsgottesdienst hat bereits im Vorfeld viel Staub aufgewirbelt. Die einen waren und sind ganz begeistert. Endlich beginnt auch die Kirche aufzuwachen und sich für die Tiere – zumal die geschundenen und gequälten – einzusetzen! Die anderen waren und sind ganz und gar dagegen. Das hat uns gerade noch gefehlt. Genug, wenn seit einigen Wochen die Medien – allen voran das ZDF – davon berichten, daß einem manchmal der Appetit beim Abendessen vergehen möchte. Nur ein Modetrend, bei dem einzelne Pfarrer – sogenannte Exoten – mitmachen. Darunter zählt man die Theologen, die das Glauberger Schuldbekenntnis mit unterschrieben haben. Diese Erklärung wäre doch zu einfach. Da steckt mehr dahinter; ein Problem, dem wir uns stellen müssen. Unser Engagement, unsere Aktion heute, unsere Aktivitäten in Zukunft haben einen gesellschaftlichen und einen theologischen Hintergrund.

Der soziologische back-ground ist ein faustdicker Skandal unserer Zeit. Da befällt uns nämlich immer mehr das Grausen, wenn wir feststellen, wie gedankenlos und brutal mit vielen Tieren verfahren wird, zumal mit denen, von denen sich die Menschen einen Nutzen versprechen.

Dazu nur einige Schlagwörter: Hormonskandale; Schlachten im Akkord; Legebatterien bei Hühnern; Robbenschlachten; Diebstahl von Tieren zu Versuchszwecken; Ausrottung ganzer Tierarten durch Zerstörung ihrer Lebensräume; nicht artgerechte Tierhaltung; Aussetzung von Haustieren bei Urlaubsbeginn usw. Wir können und dürfen nicht schweigen. Wer schweigt, macht sich schuldig. Dieses egoistische, die Mitkreatur Tier verachtende und meist raffgierige Verhalten vieler Menschen unserer Gesellschaft ist ein Skandal, ist Amoralität, die angeprangert werden muß.

Wenden wir uns jetzt dem kirchlichen Hintergrund zu. Als Christen glauben wir an »Gott, den Schöpfer des Himmels und der Erde«, mit anderen Worten: Wir glauben an den Schöpfergott. Wir gehören zu seiner Schöpfung. Der Mensch ist nicht »Krone der Schöpfung«. Diese viel behauptete Bemerkung ist Unsinn und wird auch durch Wiederholung nicht wahrer.

Der Mensch hat aber eine Verantwortung für die Schöpfung; für den Erhalt des Waldes; die Sauberhaltung der Luft, Wasser und Erde: für den Schutz des Lebens bei Mensch und Tier. Das Leben ist das höchste Gut; bei den Menschen ist es in jedem Fall unantastbar. Bei den Tieren ist das Leben unsererseits vor Qualen und unnötigem Töten zu bewahren. Auch das ist unsere Aufgabe zum Erhalt, zum Funktionieren der Schöpfung, ist Christenpflicht. Zu einem praktizierten Christentum gehören auch Tierschutz und Umweltschutz. Deshalb wenden wir uns heute von hier aus an alle politisch, erzieherisch und moralisch Verantwortlichen in unserem Land mit folgendem Ruf:

Wir sind verantwortlich für qualfreies, möglichst artgerechtes Leben der Tiere, besonders jener, die uns als Haustiere und in der bäuerlichen Viehhaltung anvertraut sind. Tiere sind keine Sache, über die wir schalten und walten können, sondern Mitgeschöpfe von uns, die Freude und Schmerzen empfinden wie auch wir.

Mischa ist dem Streicheln nicht abgeneigt.

Dieser Ruf gilt besonders den politischen Körperschaften der Legislative und Exekutive, insbesondere der Hessischen Landesregierung, den Regierungspräsidenten, den Landräten, Oberbürgermeistern und Bürgermeistern. Tun sie alles, was möglich ist, daß Tierquälereien verhindert werden; Massentierhaltungen veterinäramtlich besonders geprüft werden; vorbildliche Tierhaltungen besonders ausgezeichnet werden; Tierschutzvereinigungen finanziell gefördert werden; Tierversuche stark reduziert werden, mit dem Ziel, daß in baldiger Zukunft auf sie ganz verzichtet werden kann. Das alles braucht klare und praktikable Gesetze, mehr noch als das: aufgeschlossene Politiker und Verwaltungen, nicht zu vergessen die Kontrolle durch die Parlamente.

Wir wenden uns heute auch an unsere Kirchenleitungen: an die katholischen Bischöfe in Hessen, an die evangelische Kirchenleitung in Hessen und Nassau, an alle anderen Kirchenleitungen. Wir erneuern unsere Bitte um Ernennung von Tierschutzbeauftragten, die Kompetenz, Idealismus und Vollmachten haben. Tierschutzbeauftragte, deren Namen nur auf dem Papier stehen, damit ist keinem geholfen.

Wir wenden uns an alle Menschen in unserem Land. Nur Tierfreund sein, das reicht nicht, obwohl das schon viel ist. Wir sollten alle Tierschützer werden. Dafür benutze ich ein biblisches Bild: Jeder von uns sollte wie eine Arche Noah sein, ein Mensch mit Herz, unter dessen Schutz die Tiere leben und überleben können.

Wir halten heute einen Segnungsgottesdienst für Menschen und Tiere. Mit anderen Worten: Wir wenden uns hilfesuchend an Gott, daß er uns durch seinen Segen für unsere Aufgabe an der gesamten Schöpfung stark mache, wir ihr wieder in Ehrfurcht begegnen; daß er aber auch die heute hier anwesenden Tiere – stellvertretend für Millionen von anderen – vor unnötigem Leid, Schmerzen, Quälereien bewahren möge, die ihnen durch gedankenlose, rohe und habgierige Menschen zugefügt werden.

Diese Kirche heißt zur Heiligen Familie. Damit gemeint sind Jesus, Maria und Josef. In den Gleichnissen Jesu leuchtet seine eigene Erfahrung in dieser Familie in Nazareth auf: Das Leben der Hausfrau; die Arbeit auf dem Feld und im Weinberg; die Tätigkeit als Hirte.

Einmalig schön sind die Gleichnisse und Erzählungen Jesu vom Guten Hirten, wie er das verlorene Schaf aus der Dornenhecke befreit, das verletzte Schaf auf seinen Schultern nimmt, es zur bergenden Herde zurückbringt.

Das sind Erfahrungen aus Jesu Jugendzeit: Er als Hirte und liebevoller Freund der Tiere. In den ältesten Christusdarstellungen sehen wir Jesus als den Guten Hirten. Meine hiesige Gemeinde hat mir eine solche Statue aus Carara-Marmor als Federzeichnung anfertigen lassen und geschenkt.

Wir alle sollten einem weiten Sinn des Wortes gute Hirten im Umgang mit den Tieren sein. Dann wird das Leben menschlicher, wenn wir die Tiere mit einbeziehen. Dann haben die Tiere die Menschen nicht zu fürchten, weil diese ihr Geschöpfsein achten und anerkennen, daß auch die Tiere eine Seele haben.

Beim Verlassen der Kirche.

Mein Dank

Mein Dank gilt allen Helfern, die am Zustandekommen und an der Herausgabe dieses kleinen Buches mitgewirkt haben. Das sind viele Menschen, denen ich auf meinem Lebensweg begegnet bin, die bewußt oder unbewußt auf mich Einfluß genommen haben, daß ich so bin, wie ich bin.

Paul-Albert Simon danke ich für das Lesen des Manuskriptes, Frau Elisabeth Heep für dessen Reinschrift. Dank an *Ruth* und *Helmut Dornauf* für die Bearbeitung des Bilderteils. Ich danke auch dem Bildarchiv Foto Marburg der Phillips-Universität für die Zurverfügungstellung der antiken Christusdarstellung des Guten Hirten. Nicht zuletzt danke ich dem Waldthausen-Verlag in Ritterhude bei Bremen für das Verlegen dieser Schrift.

Zitierungen aus der Bibel entstammen der ökumenischen »Einheitsübersetzung der Heiligen Schrift«, die wir seit 1980 haben und benutzen. Damit bin ich beim lieben Gott, der mich bisher liebevoll über Höhen und durch Tiefen geleitet hat. Er führt mich nun durch das Tor zum Alter, in einem Zustand neugewonnener Gesundheit und heiterer Gelassenheit.

Empfehlenswerte Bücher

Zum Thema Tierschutz

Bischofberger, Eggenberger, Keller, Müller: »Umweltverantwortung aus religiöser Sicht«

Eugen Drewermann: »Über die Unsterblichkeit der Tiere« – Hoffnung für die leidende Kreatur

Dieter Kaiser: »Wir töten, was wir lieben«

Eva Kroth: »Das Tierbuch«

Bernhard Rambeck: »Mythos Tierversuch«
Eine wissenschaftskritische Untersuchung

Martin Rock: »Die Umwelt ist uns anvertraut«

Herbert und Margot Stiller: »Tierversuch und Tierexperimentator«

Gotthard M. Teutsch: »Da Tiere eine Seele haben ...«
Stimmen aus zwei Jahrtausenden

Hans Wollschläger: »Tiere sehen Dich an«

Zum Thema SonnenKost

Hans Baumgardt: »Ohne Fleisch gesund leben«

Paul C. Bragg: »Gesund essen ohne Irrtümer«

Paul C. Bragg: »Wasser – das größte Gesundheitsgeheimnis«

Harvey und Marilyn Diamond: »Fit für´s Leben« Teil I und II

Marilyn Diamond: »Neue Eßkultur mit SonnenKost«

Arnold Ehret: »Die schleimfreie Heilkost«

T. C. Fry: »Dynamische Gesundheit« – Einführung in die natürliche Gesundheitslehre.

Manfred G. Langer: »Gesund werden – gesund bleiben mit SonnenKost«

Michael Lukas Möller: »Gesundheit ist eßbar«

Magnus Schwantje: »Vegetarismus«

Reinhold Schweikert: »Das Narrenzeitalter«

Herbert M. Shelton: »Richtige Ernährung durch natürliche Gesundheit«

Norman S. Walker: »Täglich frische Salate erhalten Ihre Gesundheit«

Helmut Wandmaker: »Willst Du gesund sein? Vergiß den Kochtopf!«

Devanando O. Weise: »Harmonische Ernährung«

Buchveröffentlichungen des Autors Karl-Wilhelm Bruno

Spirituelle Literatur

The Secular Institute of Priests in the Opus Spiritus Sancti
Erschienen in Tiruvalla 1977
Nur in englischer Sprache

Pfingstliche Spiritualität im Opus Spiritus Sancti
Systematische Darstellung
Erschienen im Eigenverlag 1981 in deutscher Sprache
Später auch in englischer Sprache

Die Spiritualität des Opus Spiritus Sancti täglich leben
Meditationen nach dem Kirchenjahr
Erschienen im Eigenverlag 1984 in englischer Sprache
Später auch in deutscher Sprache

Historische Veröffentlichungen

Geschichte von Eddersheim
Erschienen im Eigenverlag 1965

Mammolshain – Königsteins Fenster nach Süden
Geschichte und Gegenwart einer Taunusgemeinde
Erschienen im Waldemar-Kramer-Verlag, Frankfurt/M. 1975

Zeugen jener Zeit
Berichte katholischer Jugend in Wiesbaden aus den Jahren 1933–1949
Erschienen im H. G. Seyfried-Verlag, Wiesbaden 1989
Der Verfasser als Mitherausgeber

Über den Autor

Karl-Wilhelm Bruno stammt aus einer alten Wuppertaler Kaufmannsfamilie. Er wurde am 4. April 1926 in Barmen geboren. Die Familie lebte seit 1931 in Wiesbaden. Dort besuchte der Verfasser seit 1932 die Volksschule in der Hebbelstraße und ab 1936 das Staatliche Oberrealgymnasium am Gutenbergplatz. Ab Januar 1943 war er Luftwaffenhelfer, ab Juni 1943 beim Reichsarbeitsdienst. Von Janur 1944 bis Juni 1944 Studium der Medizin in Marburg. Seit Juli 1944 als Reserveoffiziersanwärter bei der Kriegsmarine. Seit September 1944 bis Kriegsende war er auf dem Zerstörer »Erich Steinbrinck« als Seekadett. Nach Rückkehr aus englischer Internierung begann er mit dem Studium von Philosophie und Theologie an der katholischen Hochschule der Jesuiten in Frankfurt/Main.

Am 28. September 1952 wurde er im Limburger Dom zum Priester geweiht.

Seine Kaplanstellen hatte er in Frankfurt-Schwanheim und in Frankfurt-Sachsenhausen. Caritasdirektor für Wiesbaden und den Untertaunuskreis war er von 1955 bis 1961. Von 1961 bis 1980 hatte er Pfarrstellen in Eddersheim, dann in Königstein-Mammolshain. In Mammolshain war er Dozent am Seminar für Seelsorgehilfe.

Von 1970 bis 1979 Dekan des Dekanates Kronberg. 1973 bis 1982 war er internationaler Leiter der Weltpriestergemeinschaft im Opus Spiritus Sancti, ab 1980 für fünf Jahre internationaler Leiter des gesamten Werkes. Seit 1985 ist er wieder Pfarrer, und zwar der Wiesbadener Gemeinden Hl. Familie und St. Michael; seit 1986 auch Dekan des Dekanates Wiesbaden-Ost.

Besondere Interessensgebiete neben Theologie und Pastoral, Geschichte, Schriftstellern, christlich-jüdische Zusammenarbeit, Umwelt- und Tierschutz, Fragen des Zusammenhangs von Ernährung und Gesundheit.

Stichwortverzeichnis

Unser Verlagsprogramm

Hrsg. Hans Baumgardt

Ohne Fleisch gesund leben

Durch vegetarische Ernährung gewinnt der Mensch Lebensenergie. Der Mensch benötigt für eine vitale und geistig klare Lebensweise kein tierisches Eiweiß. Lebensmittel, die ein Vegetarier zu sich nimmt, haben ein höheres Energie-Niveau, bewirken eine bessere Verdauung, angenehmeren Körpergeruch, frisches Aussehen und ein waches Bewußtsein.Verzicht auf Fleisch bedeutet auch: keine qualvolle Massentierhaltung, keine Vernichtung wertvoller Böden, keine Naturzerstörung und keine Hungersnöte auf der Welt.
Die vegetarische Ernährung ist die Ernährung der Zukunft!
Kein Mensch muß mehr verhungern, weil der Bedarf an Nahrung durch pflanzliches Eiweiß für alle gedeckt werden kann.

Harvey und Marilyn Diamond

Fit für´s Leben

Gesund und schlank ein Leben lang
Der Gesundheits- und Fitneßplan ist ein Muß für alle, die Probleme haben, eine strenge Diät durchzuhalten. Das Geheimnis der vorgestellten Kost heißt Ernährung in der richtigen Zusammensetzung, damit die Verdauungszyklen ihre Arbeit leisten können. Wer diese einfache Methode befolgt, kann essen, was ihm schmeckt, und dabei nicht nur an Gewicht verlieren, sondern dieses Gewicht auch halten und sich dabei bester Gesundheit erfreuen.Dieses Buch enthält einen vierwöchigen Plan zur Gewichtsabnahme und zeigt, wie dieses Gewicht zu halten ist. Es bietet Menüs, Rezepte und Einkaufstips, die mehr Lebensmittel erlauben als je zuvor. **Weltauflage 8 Millionen Bücher!**

Das neue »Fit für's Leben« Teil II behandelt neben der Ernährung Fragen über Wasser, Luft, Schlaf und Ruhe, Sonnenschein, Bewegung und Sexualität.

Waldthausen Verlag • 2863 Ritterhude